Hommo Tonkes

Volkskunde von Bali

Hommo Tonkes

Volkskunde von Bali

ISBN/EAN: 9783744648943

Hergestellt in Europa, USA, Kanada, Australien, Japan

Cover: Foto ©Suzi / pixelio.de

Weitere Bücher finden Sie auf **www.hansebooks.com**

Volkskunde von Bali.

Inaugural-Dissertation

zur

Erlangung der Doktorwürde

einer hohen

philosophischen Fakultät

der

vereinigten Friedrichs-Universität Halle-Wittenberg

vorgelegt

und mit den beigefügten Thesen verteidigt

am 25. Juli 1888

von

Hommo Tonkes

aus Meeden (Niederlande).

Opponenten:

Willi Ule, Dr. phil.
Baron Paul Rausch v. Traubenberg, stud. phil.

Halle a. S.,
Druck der Buchdruckerei des Waisenhauses.
1888.

Meinen Eltern

gewidmet.

Einleitung.

— · —

Der Zweck dieser Arbeit war eigentlich, eine vollständige Landeskunde unter Leitung des Herrn Professor Kirchhoff zu schreiben, aber weil die physische Geographie der Insel noch so wenig bekannt ist, habe ich mich auf den ethnographischen Teil beschränken müssen.

Ich wurde dabei auf liebenswürdige Weise unterstützt von vielen niederländischen Autoritäten, und bringe ihnen hier dafür meinen Dank, am meisten Herrn Professor Kan in Amsterdam und Dr. Wijnmalen in den Haag, der sich bemühte, mir alles brauchbare Material vorzulegen; zuletzt sage ich noch meinen Dank Herrn Professor Kirchhoff für die mannigfaltigen Ratschläge, die er mir bei der Bearbeitung erteilt hat.

Die Abkürzungen in der Quellenangabe sind folgende:

T. I. T. L. V. = Tijdschrift voor Indische Taal-Land- en Volkenkunde,

B. T. L. V. N. I. = Bataviaansche Tijdschrift voor Land- en Volkenkunde van Nederlandsch-Indie.

T. N. I. = Tijdschrift voor Nederlandsch-Indie.

G. T. N. I. = Geneeskundig Tijdschrift voor Nederlandsch-Indie.

T. N. I. N. S. == Tijdschrift voor Nederlandsch-Indie, Nieuwe Serie.

J. G. = Indische Gids.

T. K. N. A. G. = Tijdschrift van het koninklyk Nederlandsch aardrijkskundig genootschap.

Auf den Ministerien der Kolonien und der Marine in den Haag findet sich eine grofse Menge nicht herausgegebener Quellen, teils Schiffsjournale, teils sonstiges Handschriftliches über Bali, desgleichen noch viele Specialkarten von kleineren Teilen der Insel, deren Häfen, dem Fahrwasser u. s. w.

1. Kapitel.

Litteratur.

Allgemeine:

Veth, Woordenboek van Nederlandsch-Indie.

Kan, Proeve eener bibliographie van Nederlandsch-Indie.

Peschel-Kirchhoff, Völkerkunde.

Waitz-Gerland, Anthropologie.

Ratzel, Völkerkunde.

Valentyn, Oud en Nieuw Oost-Indie, III.

Crawfurd, Descriptive Dictionary.

Roorda van Eysinga, Handboek der Oost-Indische Land- en Volkenkunde.

Pynappel, Geographie van Nederlandsch-Indie.

de Hollander, Handboek der Oost-Indische Land- en Volkenkunde.

Veth, Java II.

Riedel, Kroes- en sluikharige bewoners tusschen Celebes en Papoea.

Roth, Beneficialwesen.

Hallam, Geschichte des Mittelalters.

Wallace door Veth, Insulinde.

Spezielle:

Abdullah Bin Mohammed al Maszric door Dr. W. R. v. Hoevell; T. v. N. I. VII.

II. Zöllinger, Een uitstapje naar het eiland Bali; T. v. N. I. I, IV, VII.

1*

H. Zollinger, Zug nach dem Gebirge Bator; Petermanns Geographische Mitteilungen.

Dr. W. R. van Hoevell, Wetenschappelyke nasporingen op het eiland Bali; T. v. N. I. VIII, S. 205.

Een feest in de hoofdplaats van het ryk Gjanjar op Bali; T. v. N. I. XI, S. 421.

R. Friederich, Over de godsdienst van Bali; T. v. N. I. XI, I, S. 318.

H. Zollinger, Reis over Bali en Lombok. V. v. h. B. G. XXII.

R. Friederich, Voorloopig verslag van het eiland Bali. V. v. h. B. G. XXIII.

Van den Broek, Verslag nopens het eiland Bali Oosterling, I, S. 158.

Het gezantschap naar het eiland Bali onder den Gouv.-Gen. Hendr. Brouwer im J. 1633. T. L. en V. v. N. I.

C. van der Hart, Herinneningen van Bali; Gids 1854, S. 642.

Moor, Short account of the islands of Bali; Notices of the Ind. Archip. 85.

P. Melvill van Carnbée, Essai d'une description des îles de Bali et de Lombok; Moniteur des Indes. 1846.

Recent scientific Researches in the island Bali and Lombok; Journal of the Indian Archipelago. 1848.

Mr. Friederichs Researches in (the island) Bali; Journ. of the Ind. Archip. 1849.

R. Friederich, The language and literatur of the island of Bali; Journ. of the Ind. Archip. 1849.

R. B. G., Bali. A gallop to the Bukit. A visit to Tabanan. Journ. of the Ind. Arch. 1851.

Lauts, Bali en de Balineezen.

J. van Swieten, Krygsverrichtingen tegen het eiland Bali in 1848 und 49.

Beoordeeling van het werk de Krygsverrichtingen tegen Bali in 1848 und 49.

P. G. Booms, Précis des expeditions de l'armée Neêrlandaise des Ind. Or. contre les princes de Bali.

Bali, Kort overzicht van zyne toestand, geschiedenis enz.

W. R. van Hoevell, Nederland en Bali.

W. R. van Hoevell, Reis ovr Java, Madura en Bali.

Temminck, Coup d'Oeil sur l'Inde Archipel. T. I. S. 340.

Smits, Eilanden beoosten Java, ankerplaatsen en gids.

P. Melvill van Carnbée, Zeemansgids.

Détroit de Bali.

Ports et mouillages à la côte S. O. de Bali; Baies de Bali-Badong et Panté-Timor; Mouillage de Labouan-Amok et anse Padang.

H. T. van Lier, Aanteekeningen omtrent het eiland Bali. T. I. T. L. en V. 1866.

Zollinger, Tocht naar het gebergte Bator. B. T. L. en V, IV. I. 1866.

Bydragen tot de kennis van het eiland Bali. T. N. I. 1870.

K. W. Hamilton of Silvertonhill, Geneeskunding verslag van de expeditie naar Bali. 1868. G. T. N. I. 1870.

Dagverhaal eener reis over Bali in Juni en Juli 1856. T. N. I. 1870.

Nieuwe bydragen tot de kennis van Bali. T. N. I. 1870.

J. de Vroom Balineesche lontarbrieven met vertaling en Aanteekeningen. T. I. T. L. en V. 1872.

J. de Vroom, Aanteekening uit een Balische adversaria. T. I. T. L. en V. 1872.

R. van Eck, Het lot der vrouw op Bali. T. I. T. L. en V. 1872.

Greiner, Over Land en zee. De oorlog op Bali. Sang-
sits laatste ure. T. N. I. N. S. 1873.

J. O. G. Arzenius, De derde Balische expeditie in herin-
nering gebracht.

H. Kern, Oud Javaansche eedformulieren op Bali gebruikelyk.
B. T. L. en V. 1874.

Bali en Lombok. T. N. I. N. S. 1874.

R. van Eck, Balineesche spreekwoorden en spreekwoordelyke
uitdrukkingen. T. I. T. L. en V. 1872.

J. de Vroom, Balineesche Lontarbrieven met vertaling en
aanteekeningen. T. I. T. L. en V. 1875.

R. Friederich, An account of the island of Bali. Journal of
the R. As. Soc. 1876.

R. van Eck en F. A. Liefrinck, Algemeene opmerkingen
over de belasting op de rystvelden op Bali. T. I. T.
L. V. 1876.

H. Kern, Oud Javaansche eedformulieren op Bali gebruikelyk.
B. T. L. V. VIII.

R. van Eck en F. A. Liefrinck, Kertâ Simâ of gemeente-
en waterschapswetten op Bali. T. I. T. L. V. 1876.

F. A. Liefrinck, Nota betreffende den economischen toestand
van het ryk Bangli. T. I. T. L. V. 1877.

R. van Eck, Schetsen van het eiland Bali. T. N. I. N.
S. 1876.

R. van Eck, Een en ander over Bali. J. G. 1880.

F. A. Liefrinck, Rystcultuur op Bali. J. G. 1886.

Mr. O. J. H. graaf van Limburg-Stirum, Reisindrukken
van Bali. T. v. h. K. N. A. G. 1887.

Dr. Julius Jacobs, Eenigen tyd onder de Balineezen.

Instructions nautiques sur le grand Archipel d'Asie.

Stemfort en ten Siethoff, Atlas van N. I.

Der Wert aller dieser Quellen, so weit sie speziell Bali betreffen, ist im allgemeinen nicht sehr grofs. Die meisten Bali-Reisenden waren nicht zu wissenschaftlichen, viel weniger zu rein geographischen oder ethnologischen Zwecken nach der Insel gekommen, und wenn sie auch alles aufgeschrieben haben, was sie sahen, so haben sie doch keine geographisch wertvollen Thatsachen gesammelt. Friederich war als Archäolog nach Bali gereist, und ihm verdanken wir einige treffliche Studien über die Hindureligion. Van Hoevell hat auf diesem Gebiete auch sehr viel geleistet, während Liefrinck in jüngst vergangener Zeit uns ein klares Bild der Landwirtschaft auf Bali gegeben hat. Van Eck hat eine Art populäre Landeskunde unserer Insel geschrieben, worin allerdings der physische Teil sehr zurücktritt.

Die beigefügte Karte ist eine Kopie aus dem Atlas von „Stemfort en ten Siethoff", sie wünscht nur, da jener Atlas nur in weniger Hände ist, den Umrifs und die Bodengestalt der Insel klarzulegen.

2. Kapitel.

Das Land Bali.

Die Insel Bali, welche geschnitten wird vom Meridian von 115⁰ 10′ und vom Parallelkreis von 8⁰ 20′ s., hat einen Flächeninhalt von 5809 qkm (De Hollander, Seite 444).

In seiner physischen Natur ist Bali dadurch bekannt geworden, daſs Wallace[1] an seine Ostseite die kontinentale Grenze zwischen Asien und Australien verlegt hat, eine Behauptung, die vor einigen Jahren einen scharfen Gegner gefunden hat.[2] An dieser Ostseite wird die Insel Bali durch eine ziemliche Meerestiefe von Lombok geschieden, von Java dagegen, an der Westseite, durch eine seichte Meeresstraſse. Den Bodenbau, die geologische Zusammensetzung, das Klima und die Pflanzenwelt hat Bali aber mit Ost-Java und Lombok gemein.

Die Küste ist sehr zerschnitten[3] und bietet der Küstenschiffahrt zahlreiche, teils offene, teils geschützte

---

1) Wallace, Der Malaiische Archipel, I, S. 355.

2) Martin, Wissenschaftliche Aufgaben, welche der Erforschung des Indischen Archipels gestellt sind.

3) Instructions nautiques sur le grand Archipel d'Asie. 1881.

Ankerplätze dar,[1] und zwar sind die Ankerplätze an der Ost- und Südküste bei Westmonsum bequem zu erreichen, die der Nord- und Westküste bei Ostmonsum, so dafs die Bewohner der Insel in jeder Jahreszeit mit der Aufsenwelt in Berührung kommen können.

Die Bodenzusammensetzung scheint ziemlich einförmig zu sein: bis jetzt hat man nur vulkanische[2] und Kalkgesteine vorgefunden. Der Bodenbau ist bergig, der höchste Berg ist der heilige G. Agong, der gröfste und bekannteste der G. Bator, aus dessen Kraterkessel ein jüngerer Vulkankegel aufsteigt.[3] Die meisten Vulkane der Insel waren in diesem Jahrhundert noch thätig. Die Einwohner zählen sogar oft ihre Jahre nach den vulkanischen Katastrophen. Einige Vulkane stofsen noch regelmäfsig Dampf aus und geringe Erderschütterungen kommen auch noch vor. In der Längsrichtung der Insel scheint ein Gebirgszug westöstlich zu verlaufen, der, aus vulkanischen Gesteinen bestehend, nach N. drei Äste schickt. Südlich vom mittleren Teile dieses Gebirgszuges befindet sich wahrscheinlich ein kleines Plateau, das Reich Bangli. Die Südhälfte der Insel besteht ganz und gar, die Nordhälfte nur teilweise aus Kalk. Durch Korallenbauten wachsen Nord- und Südküste schnell ins Meer vor, namentlich da, wo die Strömungen am stärksten sind. Vielleicht ist dadurch eine Insel, der Tafel-

---

1) Journal des Argo.

2) Melvill van Carnbée, Description des îles de Bali et de Lombok.

3) Zollinger, Ein Zug nach dem Gebirge Bator, a. a. O.

hoek,[1] schon mit der Hauptinsel verwachsen, und derselbe Vorgang ist bei einer andern in naher Zukunft zu
erwarten. Der Kalk tritt meistens als kahler Fels zu
Tage, welcher alles Regenwasser augenblicklich durch-
sickern läfst, während der vulkanische Boden überall
einen fruchtbaren Ackerboden giebt. In der Mitte[2] der
Insel befinden sich vier kleine Seeen Die Flüsse sind
zwar zahlreich, aber unbedeutend, in der trockenen Mon-
sunzeit ohne Wasser, in der feuchten Überschwemmungen
hervorrufend.

Das Klima ist, abgesehen von den Höhenlagen, tro-
pisch; es hält die Mitte zwischen dem Klima der west-
lichen Gruppe des Archipels und dem der östlichen.
Die Zeit des trockenen Monsun (SO.) hat ganz geringe
Niederschlagsmengen,[3] die Zeit des nassen sehr grofse.
Sonst beeinflufst natürlich die Höhe und die Lage das
Klima überall. Der Regenmonsun fängt erst im Novem-
ber oder Dezember an, und der trockene im Mai.[4] Im
Hochgebirge merkt man vom Monsunwechsel wenig, da
es hier in allen Jahreszeiten regnet; an der Südküste da-
gegen scheint sogar der Südwind keinen Regen zu bringen.
Die Temperatur ist diejenige der übrigen Sundawelt.[5]

1) Melvill van Carnbée, Essai d'une description etc.

2) T. v. N. I. XV, 1866.

3) Regenwaarnemingen in Nedl. Ind.: in Boleleng fällt in den Monaten Februar, März, April mehr als $^2/_3$ der Jahresmenge (922 mm).

4) T. v. N. I. 1878.

5) Van Eck, T. v. N. I. 1879: die Mitteltemperatur an der
Nordküste im Juli:

morgens 6[h]: 24,5 C.　　nachmittags 3[h]: 28,6.
mittags 12[h]: 28,0 „　　　　„　　9[h]: 23,9.

In der Kulturregion der Niederung gedeiht Reis, Mais, Baumwolle; daselbst begegnen aufserdem Kasuarinenwälder, Djati, Bambu. Teilweise ist diese Region untermischt mit Alang-alang- und Glagahfeldern, teilweise nach oben dadurch begrenzt. Die Gehänge in gröfserer Höhe sind fast nur bedeckt mit Wäldern. Die Berggipfel sind meistens kahl, und überall, wo die Wälder abgeholzt sind, nehmen augenblicklich Alang-alangfelder ihre Stelle ein. In den Niederungen kommt auch die Kokospalme vor, in den höheren Lagen der Kaffeebaum.

Die Fauna ist eine Mischung von asiatischen und australischen Arten. Das Rhinoceros fehlt schon, dagegen kommt der Tiger zahlreich vor, wie auch graue und schwarze Affen, Wildschweine und Hirsche. Die Nuri sind kleine Papageien, die im O. und auf den Inselchen leben, welche der Südostküste Balis vorlagern. Wir finden aufserdem noch die Fledermaus, Strandreiher und wilde Enten. Man findet auch eine Menge verwilderter Hunde und Schweine. Das Rind ist gröfser und schöner als das javanische, das Pferd ist klein und schwach.

Die Tierwelt der Süfswasser ist sehr reich, besonders an Fischen und an Mollusken.

3. Kapitel.

Anthropogeographie und Geschichte.

Ohne Zweifel ist Bali eine sehr schöne Insel, wie alle Augenzeugen bestätigen, reich und fruchtbar, alle Bedingungen in sich vereinigend, um hinsichlich der Kultur vor den Nachbarländern den Vorrang zu erwerben. „Meere verbinden, Gebirge scheiden", ist der klassische Ausspruch Peschels. Am meisten verbinden Meeresarme, welche so schmal sind, dafs man von der einen Küste die Gegenküste sehen kann. Von den balischen Küsten aus wird man nun ein ganzes Stück von Java übersehen können und auch Lombok wird noch von der Küste Balis sichtbar sein. Es schliefst sich nun die Welt der kleinen Sundainseln und im NO. Celebes und die Molukken an. Aufserdem hat Bali brauchbare Häfen und wird bewohnt von einem der seetüchtigsten Völker, den Malaien. Freilich auf die hohe See hinaus wagen sich die Balinesen zur Zeit dennoch nicht. Da jedoch bereits in alten balinesischen Schriften von der Koromandelküste gesprochen wird, so müssen wir wohl vermuten, dafs auch die Vorfahren der heutigen Balinesen einmal Seefahrer waren.

Aber Inseln wirken auch erhaltend nicht nur in floristischer und faunistischer Hinsicht, sondern auch in

kulturhistorischer, und darin finden wir den Schlüssel
zur Erklärung der balischen Geschichte. Auch England,
das doch in den lebendigsten Beziehungen zu dem Fest-
lande steht und schon Jahrhunderte gestanden hat, ist ein
lebendiges Altertum und Bali noch viel mehr.

Als die Hindureligion in dem ganzen Archipel vernichtet wurde, suchten ihre eifrigsten Anhänger einen
sichern Zufluchtsort, und den fanden sie gerade an der
Grenze der Hindukultur, da, wo zwei Kulturen einander
berühren. Wie die Royalisten in Amerika 1787 einen
Wohnort fanden an der Grenze der englischen Kolonieen,
so fanden auch die frommen Hindus ein Zufluchtsgebiet
an der Grenze ihres früheren Herrschaftsgebiets. Dafs
sie sich aber vom Verkehr mit dem andersgläubigen Auslande in fanatischem Hasse zurückzogen, ist natürlich.

Die zahlreiche Bevölkerung hat sich dann fast ausschliefslich mit Landwirtschaft beschäftigt, und dieselbe
hat, da sie infolge der Inselnatur Balis von aufsen nicht
gestört wurde, die bekannte staunenswerte Höhe erreicht.
Auf den Einflufs der Hindus ist auch die Thatsache
zurückzuführen, dafs die asiatischen Malaien landwirt-
schaftlich thätig und weniger seetüchtig sind, als die
polynesischen.

Den Ursprung der Balibevölkerung und ihre Kulturentwickelung lehrt die Geschichte.

Van Eck[1] giebt über die Herkunft der Balinesen
nur die Meinung Raffles wieder, dafs sie nämlich von
Celebes gekommen seien, und obwohl er dafür keine

---

1) T. v. N. I. 1878, II, S. 165.

Beweise geben kann, so ist doch nicht zu leugnen, dafs
der echte Balinese in Sitten und namentlich in der Religion dem Mankassaren sehr gleicht. Wenn der Balinese
nun wirklich gröfser und stärker ist als der Javaner:
woher kann dieser Unterschied kommen? Beide Völker
sind doch auf dieselbe Weise gemischt. Kann der Islam
hier Einflufs geübt haben, was allerdings nicht anzu-
nehmen ist, da er auf Java nicht tief eingedrungen, und
die Polygamie auch auf Bali besteht? Van Eck meint,
dafs die jetzige Bevölkerung eine Mischung ist von auf
Bali ursprünglich heimischen Malaien und Javanern aus
Madjapahit, und daher stamme der Gröfsenunterschied.

Nach einheimischen Quellen meint v. Hoevell[1] be-
haupten zu können, dafs sowohl Hindus als Javaner die
Hindureligion dorthin gebracht haben. Er nimmt an,
dafs in alten Zeiten sich eine kleine Zahl Hindus auf
Bali niederliefs, aber keine Staaten bildete, und führt als
Beweise an, dafs

1) nach der Annahme der Eingeborenen alle Einrichtungen auf Bali von Madjapahit herrühren;

2) der Oesana-Bali vor der Ankunft der javanischen
Flüchtlinge nur einen König, Maja Danava, kennt. (Danava sind Dämonen, Feinde von Indra und den guten
Göttern, welche heute herrschen.) Dieser König führte
Krieg mit Indra, wurde aber besiegt. Daraus geht hervor, dafs vor der Ankunft der Flüchtlinge aus Madjapahit
kein Hindustaat auf Bali bestand und die erwähnt

---

1) T. v. N. I. VIII, 1846, S. 208.

Mythe den Kampf des Brahmanismus mit dem Heidentum vorstellt;

3) das Fehlen der alten Schrift. Wenn die Hindus
vor dem Fall von Madjapahit Einfluſs gehabt hätten, so
würden sie auf Bali wie in Java eine oder mehrere
Arten von Schrift mitgebracht haben;

4) das Fehlen der aus Fels gehauenen Tempel und
die Art der Götter. Von der javanischen Architektur ist
nichts erhalten (nach Friederichs Meinung) als die
Kunst Thon zu brennen, die gebrannten Steine zum
Tempelbau zu benutzen und Thonbilder zu fertigen;

5) der Gebrauch von rein javanischen Wörtern in
kawi-Schriften, Wörter, die vom Volk für kawi gehalten
werden.

Wie können aber die echten Hindugebräuche, die
auf Bali vorkommen und auf Java fehlen, von Java herrühren? Als solche nennt Friederich das Verbrennen
von Witwen und das Bauen der Häuser aus gebrann-
tem Stein.

Woher die Religion auch gekommen, und welcher
Einfluſs unmittelbar von Hindostan aus geübt sein mag
— das ist wahrscheinlich, weil auch eine einheimische
Schrift von Kosta, d. h. Koromandelküste, spricht — jedenfalls
ist die Religion da und kann noch lange fortbestehen.

Interessant sind die Mitteilungen eines Arabers des
ostindischen Archipels, Abdullah Mohammed el Maz-
zie,[1] der erzählt, daſs die ersten Hindu von der Küste
von Kosta kamen. Dies muſs also vor der Einwanderung

---

1) T. v. N. I. 1845, S. 160.

aus Madjapahit, also vor dem 14. Jahrhundert, geschehen sein. Sie fanden, nach Abdullah, auf Bali zwei Fürsten, die aber nicht Menschen, sondern Dämonen waren, Reksasas, von welchen der eine den Kopf eines Kakadu hatte, was darum interessant ist, weil noch jetzt auf einer kleinen Insel bei Bali eine eigentümliche Art von Kakadus vorkommt. Aus Java kam dann später Ida Sapien Dalam Dewa Agong, der in verschiedenen Teilen der Insel verschiedene Frauen nahm. In Kloengkoeng erkaufte er sich eine Sklavin, welche von den östlich gelegenen Inseln stammte, mit welcher er einen Sohn erzeugte, der gekräuseltes Haar hatte, aber nicht König werden konnte, da seine Mutter eine Sklavin war. Es kommt mir vor, als ob Abdullah damit andeuten will, daſs auf Bali Menschen wohnen, die einer andern Rasse zugehören als die Balinesen, und die Ähnlichkeit haben mit Menschen, welche weiter östlich wohnen. Die Söhne der andern Frauen wurden insgesamt Fürsten, und von ihnen leiten die meisten Fürsten ihr Geschlecht her. In Kloengkoeng heiratete Ida Sapien Dalam Dewa Agong auch seine Schwester; die Kinder aus dieser Ehe sind die angesehensten, als Abkömmlinge von Eltern, die desselben Geschlechts sind; dieser Kinder Nachkommen herrschen noch in Kloengkoeng. Der Dewa Agong war der einzige Herrscher, die andern[1] waren nur poengawas (Statthalter). Er gab Mengoei und Tabanam in Lehen. Nach seinem Tode kam ein hindostanischer Pandita aus Java, der in der Djemma und Ganga gebadet hatte und

1) T. v. N. I. 1868, S. 376.

den Buddhismus einführte, aber selbst Brahmane war.[1]
Nun kann der Eingeborene unter Buddhismus sehr gut
die Hindureligion verstehen im Gegensatz zur malaiischen,
aber man braucht nicht zu folgern, dafs nach Abdullahs
Meinung der Buddhismus auf Bali jünger sei, als der
Brahmanismus. Er meint also auch, dafs die ersten
Hindus aus Indien gekommen sind, wofür auch das Fehlen der Kasten auf Java spricht, und dann müssen sie
schon grofsen Einflufs vor der Ankunft der Flüchtlinge
aus Madjapahit gehabt haben. Diese poengawas machten
sich allmählich unabhängig, und so entstand jene ganze
Zahl von Fürstentümern, in die Bali jetzt geteilt ist.
Bis ins 16. Jahrhundert[2] hinein wird nur gesprochen
vom Fürsten von Bali, also bis dahin war der Dewa
Agong Alleinherrscher, und auch Balambangan und Lombok standen unter seiner Herrschaft.

Ungefähr 1640 wurde Bali in zwei Teile zerrissen:
der NW.-Teil schied sich mit Balambangan als Mengoei
ab; am Ende des 17. Jahrhunderts wurde Boleleng selbständig; 1691 wurde von einem Reiche Karang-Asem
gesprochen, das mit Lombok verbunden war, und der Dewa
Agong mufste nun von Gelgel nach Kalonkong gehen. Im
Jahre 1717 gehörte Balambangan nicht mehr zu Boleleng.
Lombok wurde 1747 unterworfen, auch Sumbawa für
kurze Zeit. Vor 100 Jahren standen Bangli und Gjanjar
noch unter der Herrschaft des Dewa Agong, wurden aber
meistens von einem Verwandten regiert.[3]

---

1) T. v. N. I. 1845, S. 169.
2) T. v. N. I. 1878, S. 325.
3) T. v. N. I. 1868, II, S. 377.

2

Die Bekanntschaft der Europäer mit dieser Insel
scheint auch schon ziemlich alt zu sein. Ein griechischer
Kaufmann spricht im 9. Jahrhundert von ihr.[1] Auf der
Karte von Francisco d'Almeida, vom Jahre 1505,
kommt die Insel schon vor; Magelhaen's Reisegefährten
hörten von ihr sprechen, als sie 1522 nach Timor kamen.
Im Jahre 1585 wollte ein portugiesisches Schiff, auf dem
sich auch Cornelius Houtman befand, auf der Südküste eine Festung bauen. Erst am 27. Januar 1597
warfen drei niederländische Schiffe (Mauritius, Hollandia
und het Duifken), die zur Flotte des Cornelius Houtman
gehörten, in der Bai von Panté Baras[2] Anker für einige
Zeit und standen mit den Eingeborenen in regem Verkehr. Im Jahre 1605 war die Rede davon, Handels-
agenten auf Bali anzustellen; doch vorläufig blieb der
Handel in den Händen der „vryburgers" von Batavia,
welche gesalzene Fische und Webereien kauften. 1620
setzte ein Schiff einen Kaufmann auf Bali ab zum Ein-
kauf von Weibern, Vieh und Reis; doch diese Nieder-
lassung wurde ein Jahr später schon wieder aufgegeben.
1633 wurden die Beziehungen zur Inselbevölkerung wieder angeknüpft, um die Balinesen gegen Mataram zu
gewinnen, was allerdings nicht gelang. Dann schien man
Bali vergessen zu haben. Nur Raffles beschäftigte sich
mit ihren Altertümern. Erst 1817 wurde wieder ein
niederländischer Beamter auf die Insel geschickt.[3] Eine

---

1) T. v. N. I. 1878, II, S. 90.
2) T. v. N. I. 1878, S. 325.
3) Lauts, Bali en de Balineezen, S. 172.

Reihe von Verträgen kam zu stande, aber doch waren
in den vierziger Jahren dieses Jahrhunderts drei Kriege
notwendig, des Strandraubs[1] wegen. Hierdurch wurde
die ganze Insel niederländisches Schutzgebiet. Karang-
Asem[2] kam unter die Gewalt des Fürsten von Mataram
auf Lombok, Boleleng wurde mit Bangli verbunden.
Djembrana, das früher zu Boleleng gehörte, wurde wieder
selbständig. In 1854 kam Boleleng, 1856 Djembrana
unter unmittelbare niederländische Verwaltung unter einem
einheimischen Regenten mit einem niederländischen „ad-
sistent-resident" (Subalternbeamte) neben sich. Jetzt ist
Bali mit Lombok eine residentie; der resident wohnt in
Boleleng.

1) Booms, Précis des expéditions contre les princes de Bali.
2) T. v. N. I. 1868, S. 377.

2 *

4. Kapitel.

Körperbau und Charakter.

Die anthropologischen Quellen sind weder reich noch
stehen sie mit einander in Übereinstimmung. Darum gebe
ich sie alle in chronologischer Folge und versuche zum
Schlufs Resultate daraus zu ziehen.

Die älteste Quelle ist Valentyn.

Die Eingebornen, so ungefähr erzählt Valentyn,[1]
dieser Insel sind „meistens tüchtige Kerls und Heldinnen
von Weibern." Die Männer sind heller als die Javaner
und von feinerem Gesichtsschnitt; mit nicht solch flachen
Gesichtern gleichen sie etwas mehr den Mankassaren,
doch haben sie eine erheblich höhere Nase.

Van Bloemen Waanders steht ganz vereinzelt mit
seinem Urteil über die Balinesen: „Es kommt mir vor,"
sagt er, „dafs sie nicht gröfser und stärker von Gestalt
sind, als die Javaner. Die Kleidung könnte Anlafs geben
zu einer entgegengesetzten Meinung. Wiederholte Messungen haben mich gelehrt, dafs der Balinese 1,63 m hat.[2]

---

1) Valentyn, III, S. 260 f.
2) Welcker (Archiv für Anthropologie, Bd. XVI, Heft 1 u. 2)
fand aus den Messungen, an 10 Schädeln angestellt, einen Breiten-

Auch in Haltung, Farbe und Körperform ist er den Javanern nicht unähnlich. Auch sind die Schnurrbärte und
„Ringbärte"[1] nicht selten, aber die Balinesen sind meistens kahl. Erstens haben sie keinen starken Haarwuchs,
und aufserdem ziehen sie noch jedes Haar aus. Die
Brust ist meist stark behaart."

Van den Broek[2] beschreibt die Balinesen folgender-
mafsen: „Sie haben lebhafte Augen und ein schneidiges
Aussehen, aber werden durch vieles Opium-Rauchen schnell
entnervt, besonders die Gustis; von ihnen gehen viele,
die spitzen Schulterknochen nach vor gebeugt, wie lebende
Skelette einher."   .

Das alles sind ziemlich alte Beschreibungen und
darum lasse ich noch einige neuere folgen.

Dr. Julius Jacobs[3] namentlich erzählt: „Die breiten
Hüften der Frauen lassen vermuten, dafs das Becken der
balischen Frau eine quer-elliptische Form hat, also sehr
verschieden ist von dem stumpfherzförmigen Typus des
rein javanischen Frauenbeckens. Die Füfse sind grofs, die
Hände weich. Im allgemeinen unterscheidet der balische
Typus sich vom javanischen, doch nähert er sich sehr
dem batakschen. Die breiten Schultern und Hüften, der
etwas kurze, gefüllte Hals, die starke Muskelentwicke-

───── ─

index von 79—77,2. Diese wenigen Messungen darf man indes
nicht zu hoch schätzen, weil auf Bali starke Mischungen statt-
gefunden haben.

1) T. v. N. 1. 1868, II. S. 376.
2) Verslag nopens etc. a. a. O., I, S. 210.
3) Eenigen tyd onder de Baliers, S. 73.

lung, die stumpfe Nase, die breite Oberlippe, die mehr
breite als hohe Stirn, sind alles Abweichungen vom javanischen Typus."

Dr. Jacobs hat sich sehr begeistert für die balischen
Frauen.

Er sagt: „Sehet die rabenschwarzen Augen, ver-
schmitzt und schüchtern und doch herausfordernd, welche
so natürlich hinter den langen Wimpern verraten wollen,
was sie verstecken sollten; diese Augen kontrastieren,
namentlich bei jungen Mädchen, mit der doppelten Reihe
von glänzend weifsen Zähnen, welche zwischen dem halb-
geöffneten Mund, mit den etwas aufgeworfenen Lippen,
zum Vorschein kommen. Die prächtigen Formen, durch
nichts in ihrer Rundung und Entwickelung gehemmt, die
sich in all ihrer unschuldigen Nacktheit uns zeigen, diese
prächtigen Linien, diese sanfte Haut, von der Sonne ge-
bräunt, dieser gefüllte Hals: Wahrhaftig, man mufs kein
Gefühl für das Schöne haben, wenn man den balischen
weiblichen Typus nicht schön findet."

„Infolge der Vermischung mit Javanern und Hindus,
so sagt van Eck,[1] giebt es kein Land in Indien, wo der
Typus mehr Verschiedenheit zeigt, als hier auf Bali. Ein
reiner Wong-Madjapahit (Javaner) ist in Haltung und
Aussehen ein ganz anderer Mensch als ein reinblütiger
Bali-aga (Ur-Balinese). Auch läfst sich ein Kalongkonger
leicht von einem Bolelenger unterscheiden. Dann und
wann begegnet man wieder einem Kopf, welcher nach
unserm Urteil gar nicht auf die Insel gehört, ein reiner

---

1) T. v. N. I. 1878, II, 172.

Hindutypus, wie ihn Java gar nicht hat. Dann wieder
sieht man Eingeborene, welche auf den ersten Anblick an
Papua denken lassen. Doch haben die Balinesen im allgemeinen den Typus der malaiischen Rasse; im Aussehen
gleichen sie am meisten den Battas. Mit den Javanern
haben sie wenig Übereinstimmung infolge der Verschiedenheit in Lebensbedingungen, Religion und staatlichen
Verhältnissen, und dann kann die Rassenmischung grofsen
Einflufs auf den Typus ausüben. Im grofsen und ganzen
sind die Balinesen schöne Menschen, gröfser und schlanker
als die Javaner. Mit Ausnahme der Berg-Alfoeren sind
sie die gröfsten Malaien; auch sind sie blässer als die
Javaner, ja es kommen sogar Gesichter vor, die, wenn
sie eine Röte hätten, holländisch sein könnten. Namentlich bei jungen Mädchen sind solche Typen häufig, weniger unter den verheirateten Frauen, da die Balinesen
im reiferen Alter viele der jugendlichen Reize verlieren.
Die Gewohnheit, die Oberzähne bis beinahe auf das Fleisch
abzufeilen, der mannigfache Gebrauch von Tabak und
Sirih, ausschweifendes Leben, angestrengte Arbeit und
andere Dinge sind die Ursache, dafs die Backen einfallen,
die Haut sich runzelt und die Farbe derselben, die sonst
hellgelbbraun ist, sich stark verdunkelt, so, dafs die
Menschen dort bereits in einem nach unsern Begriffen
kräftigen Lebensalter ein greisenhaftes Aussehen bekommen. Verhältnismäfsig kräftiger als die Männer sind die
Weiber gebaut; viele derselben haben etwas Männliches
in ihrem Typus, während viele Männer wieder etwas
Weibliches an sich haben. Erklärbar ist das Männliche
der Frauen aus der Thatsache, dafs dieselben fast alle Ar-

beiten verrichten müssen. Alle Balinesen zeichnen sich
aus durch sehr lange Arme und breite Füfse. Von den
übrigen Malaien unterscheidet sich der Balinese durch
seine lebhaften Augen. Vielleicht rührt dies daher, dafs
sie noch keine Islamiten sind.

Mit Ausnahme der vielen kraushaarigen und borstigen
Köpfe, welche letztere am meisten bei den Gebirgsbewohnern
gefunden werden, gilt die Regel, dafs die Männer langes
und sehr grobes, rabenschwarzes Haar haben, welches zu
einem Knoten auf dem Hinterkopfe zusammengebunden ist."

Aus allen diesen Beschreibungen geht klar hervor,
dafs die Balinesen in vieler Hinsicht von den andern
Malaien sich unterscheiden. Wie ist diese Thatsache zu
erklären? Teilweise möchte ich es Mischungen zuschrei-
ben; wird doch gesprochen von reinen Hindus und von
Mischungen derselben mit Malaien, welche zusammen die
Wong - Madjapahit bilden, ferner von reinen Malaien.
Aber dann findet man auch Menschen mit Papuatypus,
Bergbewohner mit krausem und borstigem Haar, die, wie
an einer anderen Stelle erzählt wird, ganz andere Sprache
und Sitten haben.

Nun hat Prof. Kan mich gewarnt, aus Verschiedenheit von Sprache und Sitte eine Verschiedenheit der Abstammung abzuleiten, weil diese Differenz auf Sumatra
bei Völkern, die benachbart wohnen, vorkommt. Aber
dann bleibt doch noch immer der Papuatypus übrig, und
Absonderung in Gebirgen wird doch die Haare nicht
kraus und bürstenartig machen. Ratzel meint in seiner
Völkerkunde, dafs durch den ganzen Archipel Papuas
verbreitet sind, weil sie überall als Sklaven gebraucht

werden. In diesem Falle aber würden sie vorzugsweise
vorkommen bei seetüchtigen Völkern, also gerade weniger
bei den Balinesen, auch hauptsächlich an den Küsten
und nicht in weit von der Küste abgelegenen Dörfern.
Darum wage ich die Vermutung auszusprechen, dafs wir
es hier mit einer Papua-Urbevölkerung zu thun haben,
und stütze mich dabei hauptsächlich auf Riedel,[1] der
auf den Molukken, im Innern der Inseln, oft Reste einer
Urbevölkerung gefunden zu haben glaubt. Jedenfalls
empfehle ich der künftigen Expedition, diese Frage sowohl anthropologisch als ethnographisch zu untersuchen.

Was nun den Charakter der Balinesen anbelangt, so
scheinen keine grofsen Differenzen mit dem der übrigen
Malaien sich zu zeigen. Valentyn erzählt folgendes: „Die
Männer sind faul und benehmen sich als „grands seig-
neurs“, die nach der Waschung sich von ihren Weibern
massieren lassen, dann ankleiden und mit einem Kris an
der Seite ausgehen, um zu stehlen oder jemanden zu ermorden, oder um einen ihrer Freunde zu verkaufen. Ich
habe mehrere unter meinen balischen Sklaven gehabt,
welche von ihren Brüdern oder nahen Verwandten verkauft waren. Als Sklaven sind sie die besten, fleifsigsten
und treusten im niederländischen Ost-Indien; sie stehen
einem Mankassaren in nichts nach, sind vielmehr zuver-
lässiger und in gefahrvollen Zeiten tapferer als andere
Indier. Man findet unter ihnen sehr viele ausgezeichnete
Handwerker, die meistens sehr gebildet, gehorsam, be-

---

1) Sluik-en kroosharige bewoners tusschen Celebes en Papua.

scheiden und nett sind. Ein Sklave kostet 75—80 R^{ders},[1] ein Handwerker 100, 120, 150; eine Sklavin 70—80, eine schöne oder eine gute Näherin 100, 120, 130. Die Frauen sind gute Hebammen und Ärzte, sie sind fleifsig und vernünftig, thun alle Arbeit; gerne heiraten sie Chinesen und zeigen sich dann als tugendhafte und treue Hausfrauen. In Batavia werden sie oft Sklavinnen-Aufseherinnen und haben Gold, das Leinen u. s. w. in Gewahrsam. Gerne erkaufen sie sich ihre Freiheit; darum verrichten sie in treuer Weise ihre Arbeit und sparen sich oft bedeutende Summen für den Loskauf. In ihrem Lande ernähren sich die Balinesen von Landwirtschaft und Webereien; ihr geringer Handel mit dem Auslande besteht meist im Sklavenhandel." Sie werden verhältnissmäfsig sehr alt, viele sind Urgrofsväter. Es scheint, dafs Männer von 60—70 Jahren vorkommen.

Der Balinese ist lebendig, er hat nicht das Schläfrige und Phlegmatische des Javaners.[2] Er ist keck und freiheitsliebend, seinem Fürsten gegenüber ist er aber unterthänig. Stark entwickelt ist sein Ehrgefühl, und nur aus Hunger arbeitet er für Fremde. Bald ist er ein Lügner, bald ist er wieder offen und ehrlich. Sein Vaterland liebt er sehr, eine Verbannung wird der Todesstrafe gleichgeachtet. Auch gegen seine Familie empfindet er grofse Liebe. Leider ist er ein leidenschaftlicher Spieler in solchem Mafse, dafs er die spielsüchtigen Malaien alle übertrifft, nach dem Urteil von

---

1) ein Ryksdaalder ist 4,10 Mark.
2) van Eck, T. v. N. I. 1879.

Augenzeugen.[1] Er feiert am liebsten von früh morgens bis spät abends Feste und spielt und wettet in dieser ganzen Zeit. Dieser Charakterzug scheint jedenfalls beeinflufst zu sein durch die Hindureligion und ihre vielen religiösen Feste.

Der Balinese ist im allgemeinen geizig, aber nicht treulos, so dafs man auf Bali sicherer reisen kann als auf Java. Dabei bemerke ich aber, dafs der Missionar de Vroom auf Bali ermordet und auch auf Dr. van der Tuuk ein Mordversuch gemacht wurde. Der im allgemeinen scharfsinnige Balinese ifst und trinkt viel, raucht sehr stark Opium, und ist geschlechtlich ausschweifend. Nach den einen Autoren gilt er als feige, nach den andern wieder für sehr tapfer.[2]

Ich möchte nur folgendes noch bemerken: Der klassische Held auf Java im Kampfe gegen die niederländische Regierung, Surapati, ist ein Balinese;[3] und im Kriege, welcher in den vierziger Jahren dieses Jahrhunderts auf Bali geführt wurde, hat Gusti Djilantik auch viel Mut gezeigt. Wenn aus einem Volke solche Führer hervorgehen, so mufs Mut und Tapferkeit auch wohl eine Charaktereigenschaft des ganzen Volkes sein. Eine eigentümliche Erscheinung ist die, dafs der Tod dem Balinesen ganz gleichgiltig ist.[4]

1) Mündliche Mitteilung von Dr. van der Jacht. T. v. I. T. L. en V. VIII, 1859, S. 129. Ratzel, Völkerkunde.

2) T. v. N. I. 1878, II, S. 180.

3) Veth; Java; II.

4) Lauts Bali en de Balineezen. S. 66.

Das kleinste Verbrechen wird mit dem Tode gestraft, und er findet es sehr natürlich. Lieber stirbt er, als daſs er Verbannung erduldet oder als Sklave auf ein Schiff sich verkaufen läſst; fehlt ihm doch auch die berühmte malaiische Sectüchtigkeit, die er vielleicht verloren hat durch den Hindueinfluſs. Mit dieser Todesverachtung wird das bekannte Amok-Laufen, wovon Wallace[1] spricht, wohl in Verbindung stehen. In hoffnungslosen Lagen wird „Amok“ gelaufen, und das Laufen endet mit dem Tode.

---

1) Wallace, Insulinde I, S. 307.

5. Kapitel.

Familienleben.

Auch in der bürgerlichen Gesellschaft tritt in den Vordergrund die Mischung von malaiischer und hinduischer Kultur, vor allem hinsichtlich des Familienlebens im allgemeinen und der Eheschliefsung im besonderen. Eine Art der Eheschliefsung[1] besteht in einem reinen Kaufvertrag, und das ist ein malaiischer Brauch, wie bei Waitz-Gerland[2] zu lesen ist, anscheinend allerdings erst spät in Bali eingeführt.

Ein anderer Brauch ist der,[3] dafs der Liebhaber, wenn er die Braut zu erkaufen nicht im stande ist, das Kaufgeld bei den Eltern der Braut abdient;[4] dabei kommt es aber vor, dafs der Jüngling nach einer mehrjährigen Dienstzeit dennoch zuschen mufs,[5] wie ein anderer seine Braut heiratet. Eine dritte,[6] allgemein malaiische und

---

1) T. v. I. T. L. en V. 1872, S. 370.
2) Waitz-Gerland, Anthropologie a. a. O.
3) Ratzel, Völkerkunde.
4) T. v. N. I. 1880, II.
5) T. v. I. T. L. en V. XVIII, 1872, S. 373.
6) T. v. I. T. L. en V. XVIII, 1872, S. 375.

jetzt sehr herrschende Sitte ist die Entführung der Braut;
jedoch wird nachträglich um die Zustimmung der Eltern
gebeten. Es kommt selten vor, dafs die Eltern für eine
gewisse Summe die Braut auszuliefern sich weigern, weil
in diesem Falle der Jüngling sich an den Fürsten wenden
kann, welcher dann die Braut verkauft, um gewöhnlich
die Kaufsumme für sich selbst zu behalten. Verwandte
zu heiraten ist nicht erlaubt. Bei der Vollziehung der
in einigen Fällen sehr ceremoniellen Heirat herrscht der
Gebrauch, dafs Braut wie Bräutigam ein Ei und eine
Kokosnufs bekommen, welche sie auf dem Boden in
Stücke werfen, um die Stücke dann nach den 4 Himmels-
richtungen zu zerstreuen, was als eine Tributzahlung an
alle Kalas angesehen wird. Grofse Festlichkeiten[1] folgen
natürlich der Vollziehung der Heirat.

Echt malaiisch ist es auch, dafs kein Gesetz die
Frau gegen die Willkür des Mannes schirmt, denn auf
Bali geschieht die Ehe durch Kauf, in welchem Falle
überall bei den Malaien die Frau als Eigentum des
Mannes gilt.[2] Ein Mann[3] darf so viele Frauen nehmen
als er selbst will und ernähren kann. Ist eine Frau untreu, so darf der Mann sie töten oder als Sklavin verkaufen; auch das ist allgemein malaiisches Recht. Der
Mann darf seine Frau als Pfand geben; er darf sich von
ihr scheiden lassen, wenn sie nicht fleifsig genug arbeitet.

1) T. v. N. I. 1880, II.
2) Ratzel, S. 430.
3) Ratzel im allgemeinen Völkerkunde II, S. 436; vgl. auch:
T. v. I. T. L. V. 1872, S. 385.

Nur bei sehr groben und wiederholten Beleidigungen
darf die Frau um Scheidung bitten. Bestätigt das Gericht
diesen Antrag, so geht sie ganz ohne Vermögen zu ihrer
Familie zurück, ja der Mann kann aufserdem die Kaufsumme zurückfordern. Die meisten Balinesen haben aus
ökonomischen Rücksichten nur ein Weib. Mit dem Chinesen hat der Balinese den Wunsch gemein, Söhne zu
besitzen. Für die Frau ist der Besitz von Söhnen eine
Ehre; überhaupt ist es eine grofse Schande, gar keine
Kinder zu haben.[1] Sind die Frauen reich mit Kindern
gesegnet, so werden sie auch besser behandelt; im übrigen
bleiben sie jedenfalls Lasttiere, die immer schwer arbeiten
müssen, während der Mann mit der Opiumpfeife auf dem
bale-bale (Ruhebett) liegt oder sich mit Würfelspiel und
Hahnenkämpfen beschäftigt. Die einzige Arbeit des Mannes besteht darin, dafs er pflügt und den padi sät; sein
Weib mufs dann das Getreide schneiden. Die Frau hat
auch die Kinder zu erziehen, soweit man von Erziehung
sprechen kann. Sehr bald schon aber lernt der Sohn
von seinem Vater, wie er seine Mutter behandeln mufs.
Ist es da ein Wunder, dafs die Frau auch anfängt Opium
zu rauchen? Stirbt der Mann, ohne einen Sohn zu hin-
terlassen, so wird die Witwe[2] mit ihren Töchtern, für
den Fall sie solche hat, das Eigentum des Fürsten, und
nun beginnt erst das gröfste Elend der Frau. Ist sie
jung und schön, so kann sie Konkubine des Fürsten
werden; meistens aber wird sie einer der fürstlichen

---

1) T. v. I. T. L. en V. 1872, S. 386. Ratzel, Völkerkunde II, S. 431.

2) zum Unterschiede von den Batta; vgl. Ratzel, Völkerkunde,
II, S. 433.

Frauen geschenkt als Sklavin, und die Töchter werden
Konkubinen der Gustis. Auch werden sie einer Gesellschaft von öffentlichen Tänzerinnen eingereiht und haben
dann das ganze Land zu durchziehen, um Geld zu verdienen.

Es liegt auf der Hand,[1] dafs bei solchen Sitten von
einem häuslichen Leben gar nicht die Rede sein kann;
die Kinder erziehen sich selbst auf der Strafse. Desto
mehr ist es zu verwundern, dafs die Hälfte der Männer
von Boleleng eine gewisse Übung im Lesen und Schreiben hat, während von den Weibern[2] $1/5$ bis $1/6$ darin
unterrichtet sind.

Die meisten Mitglieder der drei höheren Kasten und
auch viele reiche Sudras kennen etwas von der Kawi-
Litteratur. Das Lesen und Schreiben lernt man erst nach
dem 12. Lebensjahre und ohne allen Unterricht. Es
scheint, dafs die Balinesen einen grofsen Hang nach
Wissenschaft haben, und es wäre zu wünschen, dafs
einige Kinder ganz in Batavia erzogen würden, damit
man erkennen könnte, ob die Balinesen weiter bildungs-
fähig sind. Auch die Mädchen[3] lernen in demselben
Alter lesen und schreiben; sind sie heiratsfähig, so werden
die vier oberen Vorderzähne bis auf das Zahnfleisch ab-
gefeilt, vielleicht um eine natürliche Eigentümlichkeit
noch mehr hervorzuheben.

Das Leben des Balimannes ist ganz anders als das
der Frau, er lebt blofs zu seinem Vergnügen. Der Fürst

1) T. v. N. I. 1880, 11.
2) T. v. I. T. L. en V. 1859, II, S. 147.
3) T. v. N. I. 1880, I, S. 424. Ratzel, Völkerk. II, S. 395.

giebt dazu das Beispiel; er bringt die Nacht durch mit
den waijangs (Puppentheater), ronggings (Tänzerinnen)
und mit Würfeln. Das Volk hat dazu freien Zutritt und
bleibt, bis der Fürst zu Bett geht, 2 — 3 Uhr nachts.
Gegen Mittag steht er auf, frühstückt und läfst von
2—4 Uhr die Hähne kämpfen. Die Männer, namentlich
die der Hauptstädte, bringen ihre Zeit durch mit Nichts-
thun, wobei sie leidenschaftlich Opium rauchen. Jeder
Tag ist für sie ein Festtag, den sie mit Opfern beginnen
und mit Essen endigen. Bei der unbedeutendsten Ange-
legenheit gehen sie in den Tempel, und sobald sie durch
Opfer ihre Furcht vor den Kalas beruhigt haben, essen
und trinken sie nach Herzenslust. Allem geben sie einen
religiösen Anstrich, sogar den Hahnenkämpfen, welche
sie mit Opfern beginnen lassen. Dabei wird gewettet und
Steuer für die Teilnahme bezahlt, so dafs ein solches Fest
von grofser staatswirtschaftlicher Bedeutung ist. Das
gröfste religiöse und Volksfest ist aber das Neujahrsfest.
Obwohl es nach 30 Wochen wiederkehrt, so hindert das
nicht, dafs jedermann immer wieder Zeit und Geld daran
setzt, es feiern zu können. Diejenigen, welche sich fern
von der Heimat befinden, ordnen ihre Angelegenheiten
so, dafs sie an diesem Tage in ihrem Dorfe sein können.
Und namentlich für die zahlreichen Vereine ist dieser
Tag von Bedeutung, weil sie an ihm ihre Kasse durch-
bringen, die allerdings meist nicht reich ist; indes mufs
ein Verein schon sehr arm sein, wenn er am Neujahrs-
tage nicht seinen Mitgliedern $\frac{1}{4}$ oder $\frac{1}{8}$ Schwein giebt.[1]

1) T. v. N. I. 1880, II.

6. Kapitel.
Kleidung und Wohnung.

Rang und Stand sind sehr schwer aus der Kleidung
zu entnehmen; jeder kleidet sich nach Geschmack und
Reichtum; Berg- und Küstenbewohner haben aber Ver-
schiedenheiten in der Kleidung. Der Oberkörper ist nach
nationaler Gewohnheit nackt.[1] Die gewöhnliche Kleidung
besteht hauptsächlich aus einem Oberkleid, das bis zu
den Knieen herabhängt (Kamben) und meistens sechs Monate um den Körper sitzt, ohne gewaschen zu werden.

Der Kamben wird durch einen Gürtel,[2] der einige-
mal um den Leib gewunden ist, festgehalten; in dem
Gürtel, Saboek, steckt der Kris. Der Kopf bleibt unbe-
deckt, nur bei Festtagen tragen sie ein dunkel gefärbtes
Kopftuch.[3] Auf der Reise und auf den Reisfeldern tragen sie eine Art Kamisol und einen Strohhut.

Das Kopfhaar wird geölt und mit Blumen geschmückt,[4]
die Ohren durchlöchert. Im Kriege[5] trägt man eine

---

1) T. v. N. I. 1845, S. 7.
2) T. v. I. T. L en V. 1859, S. 242.
3) T. v. N. I. 1878, S. 174.
4) T. v. I. T. L. en V. 1859, S. 243.
5) Oosterling I, 1835, S. 208.

ärmellose, schwarze Tuchweste, die mit gelbem Band um-
säumt ist.

Die Kleidung der Frauen ist ebenfalls einfach. Sie
tragen zwei Kamben übereinander,[1] welche über den Hüften zusammengebunden sind. Die Brust ist nackt, nur
hängt über den Schultern ein langer Shawl bis zu den
Knieen, welcher dann und wann die Brüste bedeckt. Die
Kleider der Frauen haben schreiende Farben, rot, hell-
blau und gelb, sind aber nicht selten aus Seidenstoff.[2]
Unter dem Kamben sitzt der Tapih, welcher schwarz oder
gelb ist. Solange die Frau noch nicht verheiratet ist,
trägt sie Soebengs oder Ohrknospen,[3] meistens von Lontar-
Blättern; die Töchter der Fürsten und Gustis tragen gol-
dene Soebengs, durch deren Schwere und Gröfse das Loch
in den Ohren noch gröfser wird. Um die Hand- und
Fufsgelenke herum werden Ringe von oft 10 Pfund getragen; an den Fingern Ringe in grofser Zahl. Das Haar
der Frauen ist noch länger als das der Männer,[4] oft reicht
es bis zu den Hüften. Es wird in einem Knoten zusammengebunden getragen, in welchen dann eine Rose
gesteckt wird.

Die Kinder, Knaben wie Mädchen, gehen bis zum
7. oder 8. Jahre ganz nackt.

Die Wohnung des Balinesen ist kein Muster von
Architektur. Der Hof[5] besteht aus einer bestimmten Zahl

1) T. v. I. T. L. en V. 1859, S. 243.
2) T. v. N. I. 1845, S. 16.
3) T. v. N. I. 1878, S. 184.
4) T. v. N. I. 1878, S. 174.
5) T. v. I. T. L. en V. 1859, S. 243.

3*

Hütten und ist, freilich selten, durch eine 6 bis 7 Fufs
hohe Mauer von Lehm eingeschlossen. Eine ganze Familie, Eltern, Brüder, Schwestern, Kousinen und Vettern,
alles wohnt zusammen. Kleine aus Thon und roten Zie-
geln gebaute Häuschen mit einem oder zwei Fenstern
bilden die Schlafstelle der verheirateten Männer und der
Frauen; die nicht verheirateten Männer verbringen die
Nacht in den Pendoppos. Bei grofsen Familien findet man
oft 20 und mehr dieser Häuschen vor.

In den Gebirgen sind die Häuschen aus Bambu gebaut, weil es für Thonbauten hier zu feucht ist.[1] Infolge
der dicken Wände sind die Lehmhäuser sehr feucht und
ungesund.[2] Die Küche ist auch ein abgesondertes Zelt,
von 3 Seiten durch eine Lehmmauer eingeschlossen.

Ein Puri[3] oder Palast des Fürsten unterscheidet sich
von einem gewöhnlichen Hof nur durch gröfsere Ausdehnung. Der ganze Palast wird eingeschlossen durch
eine Lehmmauer von etwa 12 Fufs Höhe.

Stühle und Tische fehlen; das Essen wird auf eine
lange Bank gestellt, an der die Essenden liegen.[4] Löffel
werden ersetzt durch Pisang-Blätter, Gabeln fehlen ganz;
Pisang-Blätter werden auch gebraucht als Teller und
Gläser. Ein Messer, einheimischer Arbeit, fehlt nie; Ko-
kosnufsschalen dienen als Becher, ja sogar als Lampen.

---

1) T. v. I. T. L. en V. 1877, S. 185.
2) Oosterling, 1835, S. 200.
3) T. v. N. I. 1878, S. 194.
4) T. v. N. I. 1878, S. 197.

7. Kapitel.

Landbau, Gewerbe und Handel.

Neben der Religion wird uns am meisten interessieren die wirtschaftliche Thätigkeit der Balinesen, welche so vorzügliche Leistungen zeitigt, dafs die Balinesen den Ruf als zivilisierteste Bewohner des ganzen Archipels erworben haben.[1] Und wenn auch der Balinese als Handwerker oft Ausgezeichnetes leistet, so zeigt er seine Fähigkeit doch am meisten als Landwirt, und vielleicht ist er in mancher Hinsicht seinen niederländischen Kollegen im Landbau gleich, ja sogar überlegen.[2]

Der gröfste Teil des Ackerbodens wird eingenommen durch Sawahs (nasse Reisfelder), ein kleiner Teil durch Tegals (trockene Reisfelder). Die nassen und trockenen Reisfelder werden seitens der Behörde so genau beaufsichtigt, und die Art und Weise der Bebauung dieser Felder ist durch ein so genaues, alle vorkommenden

---

1) Ratzel hat nicht ganz Recht, wenn er in seiner Völkerkunde II, S. 417 Java, Sumatra und die Philippinen in der Reiskultur höher stellt als die übrigen Inseln, und wenn er S. 419 meint, dafs die Reiskultur erst unter der niederländischen Regierung ihre jetzige Höhe auf Bali erreicht habe; vielmehr ist der niederländische Einflufs auf dem gröfsten Teil der Insel noch gleich Null; und die Soebakgesetze sind schon sehr alt.

2) Indische Gids. 1886.

Kleinigkeiten beachtendes Gesetzbuch geregelt,[1] dafs es interessant sein würde, diese Gesetze zu vergleichen mit dem Reglement eines niederländischen Polders.

Ich beginne mit der Beschreibung der Tegal. Tegal[2] sind solche Felder, welche durch erstmalige Occupation dem Landbau gewonnen und bepflanzt sind mit verschiedenen Obst- und anderen Bäumen. Vornehmlich im O. von Boleleng, wo Wassermangel die Bevölkerung verhindert, Sawahs anzulegen, wird die Landwirtschaft ausschliefslich auf Tegal-Feldern getrieben. Gebaut wird auf ihnen, abgesehen vom Ertrage der Bäume, meistens Kapas (Kattun), Zuckerrohr, Djagong und Tabak. Neben den Tegal-Feldern stehen die Gagahs, auf denen Bergreis gebaut wird. Diese Äcker werden nach 2 oder 3 Jahren, wenn sie viel von ihrer Fruchtbarkeit verloren haben, verlassen und durch neu kultivierte Wälder und Alang-Alang-Felder ersetzt.[3] Auf Tegal- und Gagah-Felder wird auch Steuer bezahlt, namentlich wenn sie nicht unmittelbar an Sawahs grenzen, wie in Mitten-Boleleng.

Diese Steuer[4] ist willkürlich und sehr ungleich verteilt, weil die verschiedenen Sedahans (Wasserschultheifsen) in der Steuereinschätzung unbeschränkt sind.

Wüster Boden ist das Eigentum des Fürsten; bebauter Boden und Wiesen individuelles Besitztum. Acker-

---

1) Kertă Simǎ (Gemeinde- und Bewässerungsgesetze) van Eck und Liefrinck. T. v. I. T. L. en V. 1876, XXII, S. 160.

2) T. v. I. T. L. en V. 1859, II, VIII.

3) So auch bei den Battas auf Sumatra; vgl. Ratzel, Völkerk. II S. 419.

4) T. v. I. T. L. en V. XXII, 1876, S. 168.

besitz wird erworben durch erstmalige Occupation, Kauf,
Erbschaft und Schenkung; über seinen Grund und Boden
hat der Besitzer unbeschränktes Verfügungsrecht. Auch
sind viele Alang-Alang-Felder Einzelbesitz geworden mit
demselben Rechte. Keiner hat das Recht, Wälder und
Wüsten zu kultivieren oder in Besitz zu nehmen ohne
Genehmigung des Fürsten oder des Sedahan. Ohne ge-
wichtige Gründe wird die Erlaubnis dazu nicht verwei-
gert. Ist der Grund einmal in Besitz genommen, so
bleibt er das unbeschränkte Eigentum des Inhabers und
geht durch Erbschaft auf seinen Sohn über. So viel über
die allgemeine Landwirtschaft und die besondere Kultur
auf Tegal-Feldern.

Die nasse Reiskultur, meint Liefrinck, ist vielleicht
gerade wie auf Java auch auf Bali von Hindus eingeführt worden,[1] und vielleicht auf Bali zuerst;[2] aber in
welcher Zeit dies geschehen ist, vermag er nicht zu
sagen, da auch die Balinesen nichts genaues darüber zu
erzählen wissen. Allein die Soebak-Reglements (Soebak =
Polder) zeigen durch ihre Sprache, daß sie sehr alt sind,
und es ist wahrscheinlich, daß diese Kultur schon lange
eingeführt war, als diese Gesetze entstanden. Jedenfalls
erkennen wir, daß die Kultur, wie sie heute getrieben
wird, schon sehr alt ist.

Die Böschung eines Berges wird durch Dämme in
verschiedene übereinander gelegene Terrassen geteilt. Das

---

1) Liefrinck, Rystkultuur op Bali. Ind. Gids. 1885. Auch
Ratzel teilt, Völkerk. II, S. 419, diese Meinung.

2) van Hoevell, T. v. N. I. VIII, legt allerdings den Nach-
druck auf die javanische Kolonisation in Bali.

Wasser, das in Bächen oder in angelegten Kanälen vom
Berge strömt, wird an verschiedenen Stellen abgedämmt
und so gezwungen, absatzweise die Terrassen zu bewässern und unter Wasser zu setzen. In diese Moräste wird
der Reis gepflanzt, und nun werden die Terrassen abwechselnd unter Wasser gesetzt und wieder trocken
gelegt. Wenn ein Soebak (Verein zur Bewässerung) errichtet
werden soll,[1] giebt jedermann seinen Beitrag. Ein Soebak besteht aus einem Stück Boden, woran die Inhaber
hinsichtlich der Bewässerung gleiches Interesse haben.
Der Zweck ist, die Vorteile der Grofswirtschaft den Klein-
grundbesitzern zu ermöglichen ohne Schädigung des Ein-
zelbesitzes. Da nun alle Mitglieder dieselben Interessen
haben und zu festgesetzten Zeiten zu gemeinsamer Beratung zusammenkommen, wird auch das gesellschaftliche Band
zwischen den Bewohnern desselben Soebak befestigt.[2]

Nach den ersten Vorarbeiten wird ein Häuptling
gewählt, der Klian-Soebak, der seine Amtsthätigkeit beginnt mit der Aufstellung eines Sawah-Registers, worin
die Besitzer verzeichnet werden, ihre Wohnungen und
die Gröfse ihres Besitztums; er ist beauftragt mit der
Ordnung der Arbeit auf den Sawahs seines Soebaks, indem er, weniger als Häuptling als vielmehr als primus
inter pares meist die andern Mitglieder zu Rate zieht,
die Debatte leitet und die gefafsten Beschlüsse ausführt.[3]

---

1) T. v. I. T. L. en V. VIII, 1859, II.
2) T. v. I. T. L. en V. XXIII, 1876, S. 168.
3) Vgl. Ratzel, II. S. 445.

Denen, die den gemeinsamen Anordnungen sich nicht fügen wollen, legt er Bufse und andere Strafen auf. Zu seiner Thätigkeit gehört aufserdem die Wasserverteilung und die Polizeiverwaltung im Soebak. Gehalt bezieht er nicht. Ist der Soebak zu umfangreich, so werden zwei Klian gewählt oder der Soebak wird in Unterabteilungen (Tempek)[1] geteilt. Uneinigkeiten der Soebak-Mitglieder unter sich werden nach gemeinsamer Beratung der Genossen durch den Klian-Soebak beigelegt. Gelingt es ihm nicht, die Parteien zu versöhnen, oder will der Schuldige der aufgelegten Strafe sich nicht unterwerfen, so wird die Sache dem Sedaham-Temboekoe mitgeteilt. Dieser hat die Verwaltung über alle Soebaks einer Desa. Eine seiner wichtigsten Pflichten ist die Sorge für regelmäfsigen Eingang der Steuern; die Klian-Soebaks müssen ihn, wenn es nötig ist, dabei unterstützen.

Mit der Bebauung des Landes geben sich die Sedahan-Temboekoe nur insofern ab, als von ihnen abhängig ist die Verteilung des Wassers eines Flusses, sobald mehrere ihnen unterstellte Soebaks aus dem Flusse ihr Wasser beziehen,[2] und die Untersuchung und Beilegung der Soebak-Uneinigkeiten, welche die Klians ihnen zur Kenntnis bringen mufsten.

Die Sedahams werden nach ihrer Bestätigung durch die europäische Verwaltung (in Boleleng) angestellt durch den Hauptsedahan (Finanzminister), der zwar erst die

1) T. v. I. T. L. en V. XXIII, 1876, S. 160.
2) Indische Gids, 1886.

Klians um Rat frägt, aber ihren Rat nicht zu befolgen braucht.

An der Spitze der Sawah-Verwaltung steht der Seda-han-Agong, der in früheren Zeiten als der Majordomus des Fürsten insofern anzusehen war, als er die Ein-ziehung des Padjeg (Steuer) der Reisfelder nach der Hauptstadt zu beaufsichtigen und zu sorgen hatte, dafs immer genug vorrätig war, um den Bedürfnissen des Fürsten sowohl in Reis als Früchten u. s. w. zu ge-nügen.[1] Weiter war er beauftragt mit der Verwal-tung der Krongut-Sawahs und der Domänen, mit dem Empfange der Botschafter aus den andern Reichen und aller Gäste des Fürsten; er war nur dem Fürsten ver-antwortlich. Auch das Haupt der Sawah-Verwaltung war er.

An einem fest bestimmten Tage jedes Monats ver-sammeln sich die Sedahans-Temboekoe in der Hauptstadt unter dem Vorsitz des Sedahan-Agong. Alle landwirt-schaftlich wichtigen Angelegenheiten können da besprochen werden; hier wird die Besteuerung verteilt, und wenn im verflossenen Monat Soebak-Streitigkeiten weder von den Klians-Soebak, noch den Sedahans-Temboekoe ge-schlichtet werden konnten, so werden meist bei dieser Gelegenheit die Parteien vor den Haupt-Sedahan gebracht. 1882,[2] bei der Einführung der unmittelbaren niederlän-dischen Verwaltung, wurde er niederländischer Beamter mit dem Titel „Unterkontroleur", wobei aber die Soebaks

---

1) T. v. I. T. L. en V. VIII, 1859, S. 175.
2) Kolonial verslag 1883, a. a. O.

ihre eigene Verwaltung behalten haben. Die Sawah-Verwaltung ist ganz unabhängig von der Desa- und Distriktsverwaltung geblieben. Einmal im Monat (35 Tage)[1] versammeln sich die Mitglieder des Soebak, um alle Soebak-Sachen zu besprechen; diesen monatlichen Versammlungen beizuwohnen sind die Soebak-Mitglieder verpflichtet bei kleinen Strafen, da ja von jedermann vorausgesetzt wird, dafs er die Beschlüsse dieser Versammlungen kennt. So eine Versammlung wird abgehalten wie bei uns. Der Klian hat die Verwaltung der Soebak-Kasse. Mit den Geldern dieser Kasse werden alle Ausgaben für den Soebak bestritten, wie z. B. die Reparaturkosten der Wasserwerke und die Opferfestkosten.[2]

Uneinigkeiten zwischen Soebak-Mitgliedern werden beigelegt durch die Soebak-Mitglieder; bei Nichtübereinstimmung wird beschlossen durch Stimmenmehrheit. Die erste Pflicht jedes Soebak-Mitgliedes ist die Teilnahme an der gemeinschaftlichen Arbeit. Der Mafsstab zur Verteilung der Arbeit ist der Verbrauch von Wasser aus der gemeinschaftlichen Leitung. Die vornehmsten Teile der gemeinschaftlichen Arbeit bestehen in dem Unterhalten der Dämme und Leitungen, die für die Bewässerung angelegt sind, wobei man immer beachten mufs, dafs das Wasser die Bedingung des Gedeihens des Soebak und des ganzen Daseins ist. Jedermann, der einen gleich grofsen Anteil des Wassers bekommt, dessen Quantität an der Ausströmungsstelle aus dem Haupt-Tamoekoe

---

1) Friederich, Voorloopig verslag, S. 49.
2) Vgl. auch Ratzel, Völkerkunde II, 420.

gemessen wird, ist verpflichtet zum Frondienst.[1] Bei
grofsen Soebaks werden nicht alle Mitglieder zugleich zu
einer Arbeit gerufen, sondern gruppenweise. In kleinen
Soebaks ist es Regel, dafs jedermann, der eine Einheit
Wasser aus der Leitung bekommt, einen vollen Anteil
der Dienste zu leisten hat. Kommt durch Kauf oder
Erbschaft dieselbe Person in Besitz von zwei oder mehreren Sawahs, für deren jeden der bestimmte Soebak-
Dienstanteil geleistet werden mufs, so kann er selbst nur
für einen Teil erscheinen und mufs für die andern Teile
Stellvertreter stellen oder eine gewisse Summe Geld bezahlen. Jedermann, der in einem Soebak Sawahs besitzt,
ist dienstpflichtig, welches auch die Ausdehnung der
Felder sei. Um zu verhüten, dafs der Sawah-Besitz sich
in zu wenig Händen vereinigt, wird oft die Einschrän-
kung errichtet, dafs keiner für mehr als eine gewisse
Zahl Sawahs erscheinen darf, und wenn er mehr Sawahs
hat als Regel ist, so mufs er eben für die übrigen einen
Stellvertreter stellen.

Der Soebak-Dienste[2] sind zweierlei:

1) diejenigen, welche geleistet werden für den Soebak
selbst, und

2) diejenigen, welche oft den Soebak-Mitgliedern auf-
erlegt werden von dem Fürsten und nur dessen Vorteil
bezwecken oder auch das Interesse der Landwirtschaft
im allgemeinen. Zur ersten Art gehören:

---

1) Indische Gids, 1886, a. a. O.
2) T. v. I. T. L. en V. XXIII, 1876, S. 168.

a. das Unterhalten der Leitungen und ihrer Schleusen. Sobald die Wasserwerke nicht mehr gebraucht werden, werden sie nicht mehr beaufsichtigt und geraten in Verfall; einige Monate aber vor der Wiederbestellung der Sawahs mufs der Klian die Werke untersuchen und wiederherstellen lassen;

b. das Bewachen der Leitungen und des Bewässerungswassers. In den Soebaks, die nur eine geringe Menge Wassers haben, wird, sobald das Wasser sehr niedrig ist, eine Wache errichtet, bestehend aus einer gewissen Zahl Soebak-Mitglieder, welche Tag und Nacht bei der Leitung wachen müssen, um zu verhüten, dafs die Leitung beschädigt oder das Wasser gestohlen werde durch die Besitzer der weiter nach unten gelegenen Sawahs; denn solcher Diebstahl wird oft systematisch durch das Graben von unterirdischen Gängen, welche in die Leitung münden, betrieben;

c. Unterhaltung von Wegen, welche für Rechnung des Soebak angelegt sind;

d. das Leisten von Polizeidiensten in den Soebaks zur Unterstützung des Klian.

Die zweite Art von Soebak-Diensten wird geleistet auf Befehl des Fürsten zu dessen oder auch zu allgemeinem Vorteil. Diese Lasten können abgekauft werden, jedoch mit der Beschränkung, dafs diese Ablösung einer kleinen Zahl von Mitgliedern nicht gestattet ist. Als Grundsatz wird in den meisten Soebak-Reglements angenommen, dafs hinsichtlich der Pflichten dem Soebak-Besitz gegenüber alle Soebak-Mitglieder, zu welcher Kaste sie auch gehören, gleich sein müssen. Meistens sind die

Pambekels und Padandas von Soebak-Diensten frei.[1] Der
Soebak-Verein baut auch seine eigenen Tempel und feiert
Opferfeste, und dazu mufs jedes Mitglied das Seinige
beitragen.

Wenn man die verschiedenen Soebaks von Boleleng
mit einander vergleicht, so bemerkt man eine grofse Verschiedenheit. Diejenigen, welche in einer langen Reihe
an der Nordküste gelegen sind, in der Niederung, bilden
meistens jeder ein gesondertes Ganze; sie verlaufen mit
einer sanften Böschung nach Süden in die Höhe, haben
also eine sehr günstige Lage. Die Sawah-Dämme sind
nicht hoch, die gesonderten Sawah-„Fächer“ haben eine
genügende Ausdehnung und äufsere Regelmäfsigkeit,
um die Bearbeitung mit Vieh bequem zu machen;
dann ist die Böschung auch abschüssig genug, um das
überflüssige Wasser leicht ins Meer laufen lassen zu
können. Weiter landeinwärts wird das Land hügelig und
viele Stücke Boden müssen brach liegen bleiben, weil
das Wasser nicht auf sie geleitet werden kann.

Das Land wird nun baumreicher,[2] und dadurch wird
die so notwendige Sonnenwärme den Sawahs entzogen.
In noch ungünstigeren Verhältnissen liegen die auf den
Böschungen gelegenen sawahs. Die Böschungen sind oft
so steil, dafs die Sawah-Dämme mehr als eine Mannes-

---

1) Nach dem Urteil Liefrincks. 1876 schrieb er mit van
Eck zusammen, dafs die Brahmanen und Jungverheiratete immer
davon frei waren.

1) Zollinger, Zug nach dem Gebirge Bator, in Petermanns
Mitteilungen.

höhe haben und immer in Gefahr stehen, einzustürzen, trotzdem sind die Sawah-Fächer noch schmal. Um diesen Nach-
teil aufzuheben, werden sie so lang als möglich gemacht,
oder man legt sie halbmondförmig, den schmalen Berg-
rücken entlang, an. Auf einer andern Stelle wieder hat
man für das Anlegen des Socbaks ein schmales Stück
Land gebraucht, das zwischen zwei Flüssen liegt; so
kommt es, dafs die Sawah-Terrassen dann an beiden
Seiten bis beinahe an den Fufs der tiefen Schluchten
abfallen, in denen die Flüsse strömen; kein Stückchen,
auch wenn es nur einige Quadratmeter grofs ist, wird
unbenutzt gelassen.

Der vulkanische Ursprung des Bodens auch in der
Niederung tritt in Boleleng sehr klar zu Tage. Der
Hauptbestandteil des Bodens ist „Paras." Nur an einigen
Stellen findet man darüber noch eine sehr dünne Thon-
schicht, welche jedes Jahr dicker wird. Auch läfst das
Bewässerungswasser die fruchtbare Erde, welche es von
den Gebirgen mitgeführt hat, zum Teil zurück, und so
entsteht eine Erdkrume, dick genug, um den Reis sich
entwickeln zu lassen. Aber auch Sand und kleine Steine
werden durch das Wasser weitergeführt. Das Wasser,
das auf den Sawah-Fächern einige Zeit steht, klärt sich,
die schweren Stoffe dringen allmählich durch die leichte
Krume; aber so lange die Ackerkrume dünn ist, werden
die schweren Stoffe durch das Pflügen immer und immer
wieder umgearbeitet. Ist die Ackerkrume dagegen dick
genug, dafs der Pflug sie nicht ganz durchdringen kann,
so werden die schweren Bestandteile unter der Baukrume
eine harte Masse bilden, die der weitern Verwitterung

des Untergrundes sich widersetzt und sehr bald die Er-
schöpfung des Bodens herbeiführt. Eine Düngung[1] der
sawahs anders als durch Verbrennung der Stoppeln einige
Zeit vor dem Regeneintritt findet meistens nicht statt.
Bis heute ist die regelmäßige Bewässerung nur in Boleleng eingeführt für Reisfelder. In den Gegenden, wo
andere Kulturen, wie Kattun, getrieben werden, ist die
Wassermenge zu gering, um sie zur Bewässerung zu
gebrauchen. In der trockenen Zeit sind die Flußbette,
da oft in 6 bis 7 Monaten kein Regen fällt,[2] meistens
trocken, mit wenigen Ausnahmen, die dann die Soebak
abwechselnd bewässern.[3] Viele Soebaks können nur bei
Westmonsun bebaut werden.

Auch das Quellwasser wird zur Ergänzung des Fluß-
wassers gebraucht.

In einem Lande, wo das Wasser so selten ist als
in Boleleng, muß die Frage, wem es gehört, so lange
es seinem natürlichen Laufe folgt, von großer Bedeutung sein. Der Fürst wird allgemein als Besitzer
des Wassers angesehen.[4] Die Verwaltung des Wassers
wird von dem Fürsten dem Hauptsedahan übertragen,
der wieder unterstützt wird von den Untersedahans und
Soebak-Häuptlingen.[5] Sie bittet man um die Erlaubnis,

---

1) Die Batta düngen ihre Felder, und insoweit hat Ratzel
Recht, daß die Kultur im Battalande am höchsten steht; vgl. Völkerkunde II, S. 420.

2) Regenwaarnemingen in N. O. I., a. a. O.

3) T. v. I. T. L. en V, VIII, 1859, S. 175.

4) T. v. I. T. L. en V. VIII, 1859, II, S. 194.

5) T. v. I. T. L. en V. XXIII, 1876, S. 168.

das Feld zu bewässern. Hat ein Soebak Mangel an
Wasser, so giebt der Sedahan-Agong für einen oder
mehrere Tage das ganze oder einen Teil des Wassers
der benachbarten Soebaks den in Gefahr schwebenden
Feldern, wenn dies ohne Schaden der ursprünglichen
Nutzniefser geschehen kann. Vermietung von Wasser
kommt seltener vor, nur z. B. wenn ein Soebak infolge
Vernichtung seiner Wasserwerke zeitweise des Wassers
entbehrt. Verkauf von Wasser findet oft statt.[1] In
einigen Soebaks hat nach Verteilung des Wassers jedermann das Verfügungsrecht über seinen Anteil. Das
Recht, Leitungen zu graben[2] über eines andern Grund
hinweg, mufs unbeschränkt sein, sobald zur Bewässerung
gewisser Felder die Anlage unbedingt notwendig erscheint.
Mit der Erlaubnis der Anlegung eines Dammes ist von
selbst die Freiheit verbunden, das Wasser leiten zu
können über jeglichen Grund und Boden; selbst durch
Haustempel kann, wenn es unumgänglich ist, das Wasser
geleitet werden.

Die Kunst der Bewässerung hat auf Bali eine gröfsere
Höhe erreicht als auf Java. Grofse Kunstwerke findet
man allerdings auf Bali nicht, zu deren Ausführung den
Balinesen Geld und technische Kenntnisse mangeln; aber
in der Herstellung von kleinen Werken zeichnen sie sich
aus. Wenn man ihre Leitungen sieht, oder wenn man
in die Tunnel hineingeht, die sie gegraben, und von
welchen einige 1000 m lang sind, so erstaunt man über

---

1) T. v. I. T. L. en V. VIII, 1859, S. 174.
2) Liefrinck, Indische Gids, 1886, a. a. O.

die Kenntnisse und die praktische Tüchtigkeit und die
zähe Geduld, wovon ihre Werke Zeugnis ablegen.

Der Fürst[1] heifst wohl der Besitzer des Bodens, so
wie er Besitzer von allen andern Sachen, ja sogar von
den Menschen ist in den Grenzen seines Reichs, indes
seine Rechte sind beschränkt. Er darf nur einen Teil
der Sawah-Erzeugnisse als Steuer nehmen; aufserdem
aber hat er die Erzeugnisse derjenigen Felder, die nach
den bestehenden Vorschriften Staatsdomänen sind.

Gemeindebesitz und damit verbundene Verteilung
des Bodens auf bestimmte Zeit kommt bei Sawahs nicht
vor. Meistens sind die Sawahs Besitz von Privatpersonen;
aber auch Vereine können Besitzer sein. Diesem indi-
viduellen Besitz und der Gewifsheit, dafs nur in beson-
Fällen der Souverän über die Sawahs verfügt, ist ohne
Zweifel der Grund für die Blüte der Reiskultur auf Bali.
Die Sawahs sind teuer.

Boleleng ist dicht bevölkert,[2] und bereits sind alle
kulturfähigen Grundstücke als Sawahs benutzt.

Die Steuer wird gelegt auf die Normalernte und
besteht in $\frac{1}{6}$, $\frac{1}{8}$ oder $\frac{1}{12}$ der Ernte, ferner auf das
Bewässerungswasser.

Aus den Reisfeldern zieht der Fürst seine haupt-
sächlichsten Einkünfte. Durch diese Beschreibung der
Reiskultur, für die ich fast ausschliefslich aus Liefrinck
geschöpft habe, glaube ich gezeigt zu haben, dafs der

---

1) T. v. I. T. L. en V. VIII. 1859, S. 174, II.

2) de Hollander, Handboek der Land- en Volkenkunde
van N. I.

Balinese darin eine staunenswerte Höhe erreicht hat,
und dafs er darin den Javaner übertrifft. Die andern
Kulturen[1] treten bei der vorwiegenden Reiskultur weit
zurück, obwohl auch Tabak, Baumwolle u. s. w. gebaut
werden und das Batorgebirge[2] einem einzigen Zwiebel-
felde gleicht und hier auch die Kartoffel mit gutem Er-
folg eingeführt ist.

Was nun die industriellen Leistungen betrifft, so
darf man auch davon sagen, dafs sie aufserordentlich
hoch stehen in anbetracht der schlechten Instrumente.
Die Flechtarbeiten, welche ich im Missionsmuseum zu
Utrecht gesehen habe, sind wunderschön, die Tücher für
die Leichenverbrennung ausgezeichnet und die Fertigkeit
in Goldarbeiten hat vielleicht die Erzählung in die Welt
gebracht, dafs auf Bali Gold gefunden wird. Fast ganze
Dörfer sind anscheinend nur bewohnt von Goldschmieden.
Wallace[3] erzählt, wie er auf Bali Gewehre machen sah
und ist erstaunt darüber, wie mit solch primitiven Werk-
zeugen so ausgezeichnete Resultate erreicht werden können. Pulver machen sie selbst, wozu die Vulkane Schwe-
fel liefern, aber sie kaufen es lieber, weil das ihrige von
schlechter Qualität ist.

Ich glaube aus dem Gesagten den Schlufs ziehen zu
können, dafs der Balinese in wirtschaftlicher Hinsicht die
höchste Stufe erreicht hat, die überhaupt mit seinen primitiven Mitteln zu erreichen ist, und dafs er vollkommen

---

1) Lauts, Bali en de Balineezen, S. 80.
2) Zollinger, a. a. O.
3) Wallace, Malaiischer Archipel, I.

reif ist, mit der europäischen Kultur Bekanntschaft zu
machen. Darum würde es wünschenswert sein, dafs die
Balinesen mit europäischer Industrie bekannt würden, um
erst materiell in bessere Verhältnisse zu kommen, worauf dann von selbst die geistige Kultur folgen würde.
Es ist schade, dafs der Balinese nicht mehr das
Meer befährt, weil ihm dadurch die Gelegenheit genommen ist, sich in der Schule des europäischen Weltver-
kehrs auszubilden.

Daher mufs die niederländische Regierung das, was
für die Kulturentwickelung der Balinesen von Nutzen ist,
einführen lassen, vielleicht auch gegen den Wunsch der
Eingeborenen.

Ich kann nur wenig statistische Angaben geben. In
welchen Sachen gehandelt wird, haben viele Reisende erzählt, ohne natürlich den genauen Umsatz nennen zu
können. Eingeführt werden: Kattun und Wollstoffe,
Kupferwaren, Eisen, Gewehre, Pulver, Spirituosen, Opium;
ausgeführt: Reis, „Klapper"- und „Katjang-Öl", Dingding,
Häute. Pabejan-Boleleng hatte im Jahre 1873 allein
eine Einfuhr von 3 414 000 Gld. und eine Ausfuhr von
2 034 000 Gld., also einen Handelsumsatz von beinahe
5 500 000 Gld.

8. Kapitel.

Der Staat.

a) Die Verfassung.

Die eigentümliche Mischung von verschiedenen Kulturen, welche das ganze Volksleben Balis kennzeichnet, ist wohl am meisten ausgeprägt in der Verfassung. Das ist im ganzen Archipel der Fall, denn überall ist das Malaientum beeinflußt durch fremde Einrichtungen. Die Grundlage war überall eine patriarchalische Regierung. „Je nachdem nun", sagt Ratzel,[1] „diese kommunale Grundlage des Staates sich erhalten hat, oder durch mächtige Alleinherrschaft zertrümmert worden ist, schwankt der malaiische Staat zwischen Despotie und Anarchie." Von diesen Regierungsformen besteht in den meisten Staaten entweder die eine oder die andere, aber in Bali stehen sie nebeneinander und gehen ineinander über ohne Zwischenstufen. Und sogar Ratzel, der sonst beinahe alles aus dem Malaiismus herleiten will, bemerkt hier, daß die staatlichen und gesellschaftlichen Verhältnisse hier sonderbar verwickelt sind.[2] Die Kasteneinteilung

---

1) Völkerkunde II, S. 442.
2) Völkerkunde II, S. 445.

beherrscht aber jetzt das ganze Staatswesen und ist eine
Eigentümlichkeit des Hinduismus. Dieselbe Kasteneinteilung, welche wir in Indien finden, besteht auch auf Bali,
mit einigen kleinen Abweichungen natürlich.[1] Die balinesischen Hindus waren Auswanderer, und weil nun
immer die unteren Klassen mehr ausgewandert sind als
die oberen, finden wir auf Bali die Vesjas oft den Stand-
punkt der Ksatrias einnehmen, gerade wie in Amerika
der Geburtsadel als solcher nie anerkannt ist, ja sogar
nie Einflufs geübt hat. Eine andere Differenz ist die
Bildung von Zwischenkasten, welche in Indien besteht
und auf Bali ganz fehlt, eine Eigentümlichkeit, welche
wohl dadurch entstanden sein wird, dafs es wenige
Frauen aus den höheren Kasten auf Bali gab, also die
Männer der höheren Kaste niedrigere Weiber nehmen
mufsten. Heiratet nun ein Mann aus einer höheren
Kaste eine Frau aus einer niedrigeren, so gehören die
Kinder der Kaste des Vaters an. Hat dieser Vater aber
zugleich Kinder von einer Frau aus seiner eigenen Kaste,
so stehen letztere höher als jene. Allein wenn die Frauen
in einer Familie viele Geschlechter hindurch immer aus
einer niedrigeren Kaste stammen, so kann diese Familie
dadurch alle Würde verlieren und in eine niedrigere
Kaste gestellt werden. Mischungen zwischen einer Frau
aus einer höheren und einem Manne aus einer niedrigeren Kaste können nicht vorkommen,[2] weil eine solche
Heirat bei Todesstrafe verboten ist. Die eigentlichen

---

1) Friederich, Voorloopig verslag, S. 14.
2) T. v. N. I., 1879, a. a. O.

Tjandalas Indicus fehlen also, doch haben sie ihre Stellvertreter auf Bali. Diejenigen, welche an ansteckenden Krankheiten, namentlich Aussatz leiden, werden aus der Gesellschaft ausgestofsen und müssen dann meistens auf dem Grenzgebiet zweier feindlicher Staaten leben ohne Verkehr mit anderen Menschen.

Der Brahmane[1] hat den Titel Ida, ein Ausdruck, der eigentlich das Pronomen der ersten und zweiten Person ist. Als Ida mufs er aber dem Fürsten gehorchen, in den Krieg ziehen und, wenn erforderlich, Botschafterdienste thun, da er bei Ungehorsam verbannt werden kann. Doch steht er im Rang höher als der Fürst und darf dessen Tochter heiraten, während das Umgekehrte nicht erlaubt ist.

Hieraus geht hervor, dafs die Kasteneinteilung nicht mehr den Wert einer Arbeitsverteilung hat, sondern dafs sie nur Stufen im gesellschaftlichen Leben bildet.

Wenn der Ida nun Pandada oder Pandita wird, übt er auf den Fürsten grofsen Einflufs aus. Die zahlreichen Idas sind meistens arm und bebauen deshalb nach Friederichs Meinung ihre Sawahs selber, während nach einem andern Schriftsteller die eigenhändige Bebauung nur Zeugnis für das grofse Ansehen der Reiskultur ablegt.[2]

Der Ksatria hat den Titel Dewa, d. h. Gott (auf der Bühne König). Ratzel[3] hat unrecht, wenn er meint, dafs die Fürsten auch aus der ersten Kaste sein können;

1) T. v. N. I. I, 1879, S. 130.
2) T. v. N. I. II, 1880, S. 82.
3) Völkerkunde II, S. 445.

sie sind nur teilweise aus der zweiten, aber ganz überwiegend aus der dritten. Wohl haben einige Fürsten den Titel Ida usurpiert, aber Brahmanen werden sie nie. Zu den Ksatrias gehören der Dewa-Ajong, die Radjas von Bangli und Gjanjar; übrigens giebt es noch einige Zugehörige zu dieser Kaste.

Gusti ist der Titel des Vesjas, eine Kaste, welche in politischer Hinsicht heute die bedeutendste ist, weil die meisten Fürsten ihr angehören. Die Vesjas waren ursprünglich Kaufleute, Künstler und Handwerker, aber die vornehmen Gustis verachten diese Beschäftigung, allein Handel treiben die Gustis auch, um Geld für Hahnenkämpfe und Opium zu bekommen.

Die Dewas, Gustis und Idas sind zu zahlreich auf Bali, um ihre Würde erhalten zu können; dazu sind sie zu stolz, um durch Arbeit ihr Brot zu gewinnen. Eine notwendige Folge davon ist, daſs sie die niedrige Kaste aussaugen.[1] Sie haben alle Ämter des Hofes, ohne dafür Einkünfte zu beziehen.

Die vierte Kaste hat keinen Titel, sie ist die geborene Dienerin;[2] nur aus Höflichkeit nennt man die Sudras in der Anrede Vater oder Mutter. Der Fürst darf alles aus dem Hause eines Sudra wegnehmen, auch dessen Frauen. Die übermütigen jungen Gustis und Dewas glauben durch einen an einem Sudra begangenen Mord und durch den Raub seiner Frauen ihre hohe Geburt zeigen

---

1) Lauts, Bali en de Balineezen, S. 31. T. v. N. I, S. 130, 1879.

2) Friederich, Voorloopig verslag, a. a. O.

zu können.[1] Allein diejenigen Sudras, die ein niedriges
Amt inne haben, wie die Desah-Häuptlinge, haben ein
besseres Leben. Im grofsen und ganzen ist also das
Leben der Sudras traurig, und nur die Furcht vor einer
Flucht derselben kann einzelne Mitglieder der höheren
Kaste veranlassen zu einer besseren Behandlung der
Sudras.

Das Staatswesen auf Bali hat Ähnlichkeiten mit dem
der Lampongs. Die ursprüngliche Regierungsform[2] war,
nach den vielen übrig gebliebenen Gesetzen und Gebräu-
chen zu urteilen, eine patriarchalische. Erst später hat
sich der Adel gebildet und sich allmählich der Herrschaft
über die verschiedenen Dörfer, die alle wahrscheinlich
selbständig gewesen waren, und später der Landesregie-
rung bemächtigt. Der herrschenden Adat zufolge konnte
seine Macht nie in Despotismus entarten. Gerade wie
überall in Indien blieb auch hier dem geistlichen und
weltlichen Haupt einer Gemeinde — meistens eine und
dieselbe Person — ein Rat von Alten beigeordnet,[3] ohne
dessen Vorwissen keine ins Privat- oder Kommunalleben
eingreifende Mafsregel genommen werden durfte. Über-
dies brachte die Gewohnheit mit sich, dafs Sachen von
allgemeinem Interesse in der Dorfversammlung verhandelt
wurden, zu welcher alle verheirateten Bürger Zutritt
hatten. Mit der javanischen Herrschaft trat damit insofern
eine Änderung ein, als die höchste geistliche und welt-

---

1) T. v. I. T. L. en V. 1872, a. a. O.
2) T. v. N. I, S. 286, 1879.
3) Ratzel, Völkerkunde II, a. a. O.

liche Macht geschieden wurde und letztere sich konzen-
trierte in einem einzigen Häuptling, der unter dem Namen
Anak-Agong den Thron bestieg. Als Kirchenfürsten traten die Brahmanen auf.

Beide Parteien aber waren klug genug, nicht allzu
roh in die bestehende Ordnung der Dinge einzugreifen.
Insoweit es mit einer monarchischen Herrschaft in Ein-
klang gebracht werden konnte, wurde den einzelnen
Gemeinden ihre Selbstständigkeit sowohl in religiösen
als staatlichen Dingen gelassen, welche sie bis jetzt bewahrt haben. Auch jetzt noch ist jedes Dorf auf Bali
eine besondere Republik,[1] und darin haben wir ohne
Zweifel wieder rein malaiische Elemente zu sehen. Dafs
die von dem Anak-Agong angestellten Gouverneurs allmählich Despoten wurden, lag ganz und gar in den Verhältnissen, unter welchen die fremden Herscher auf-
traten, und in dem despotischen Charakter des Herrschers,
der eine constitutionelle Regierung als schädliche Staats-
ordnung und die Theokratie als das Ideal der Regierung
ansieht. Raffles und Friedcrich[2] glauben von dem
Amte der Gouverneure schliefsen zu dürfen auf das Benefizialwesen der Malaien. Aber bei unsern heutigen
Kenntnissen des Feudalwesens[3] betrachten wir hauptsächlich die eigentümliche Entstehung, wenn wir ihm
diesen Namen geben, weniger die staatliche Einrichtung
in der Zeit des Verfalls.

---

1) vgl. auch Ratzel, II, S. 438, 4, 42.
2) Voorloopig vrslag, S. 43.
3) vgl. Hallam, Geschichte des Mittelalters.

Die staatliche Einrichtung auf Bali ähnelt vielleicht derjenigen von Frankreich, welche von Richelieu vernichtet wurde; aber damals bestand das eigentliche Benefizialwesen in Frankreich lange nicht mehr. Unter Benefizialwesen verstehen wir die eigentümliche Mischung von römischen und germanischen Einrichtungen, welche den ersten Perioden der mittelalterlichen Geschichte das charakteristische Gepräge giebt. Als dieses Benefizialwesen durch den Absolutismus schon lange vernichtet war, und dieser selbst wieder einer Regierung von Gouverneuren Platz gemacht hatte, kam eine neue Periode des Benefizialwesens, jedenfalls aber nicht des echten, und diesem gleicht das balinesische. Darum haben wir auch nicht das Recht, den balinesischen Staat als Feudalstaat aufzufassen.

Das Haupt[1] des balinesischen Staates ist der Anak-Agong, der Titel Radja ist von den Niederländern eingeführt. Die diplomatischen Beziehungen zwischen den Höfen werden regelmäfsig unterhalten, ungeachtet der vielen Zwiste.

Wenn ein altes Familienmitglied am Hofe sich befindet,[2] ist sein Rat meist Gesetz, wenn der Priester nichts dagegen hat. Der Fürst selbst besitzt nicht viel Macht, weil die Gouverneurs beinahe unabhängig sind und fast nur Soldaten und Landesprodukte zu liefern haben, wenn das Land des Fürsten letztere nicht erzeugt. Die Gouverneurs wohnen meistens in den Hauptorten

---

1) T. v. N. I, S. 207, 1879.
2) Oosterling, I, 1835, S. 210.

als geringere Fürsten; meistens sind sie Verwandte des
Anak-Agong und haben eine gewisse Zahl der Bevölkerung unter sich, die steuern mufs zu Gunsten der
Gouverneure. Über diese Bevölkerung üben sie auch
das Recht aus; nur für die Todesstrafe ist die Genehmigung des Anak-Agong einzuholen.

Der Fürst[1] wird in der Verwaltung unterstützt durch
eine gewisse Zahl dieser oben genannten Gouverneurs
(Poenggawas), von denen jeder über eine bestimmte
Zahl von Familien in verschiedenen Desas die Herrschaft ausübt.[2] Diese ernennen wieder Beamte für
kleinere Distrikte. Die Poenggawas stellen über jede
Desa einen oder mehrere Klians-Tempek an, welche mit
der unmittelbaren Herrschaft über diesen Teil beauftragt
sind. Diese sorgen für die Polizei in ihrem Ressort und
führen die Befehle der übergeordneten Poenggawas aus.

Das Königtum ist erblich in der Familie, der älteste
Sohn aus einer gesetzlichen Heirat ist meistens der
Thronfolger; aber doch geschieht es, dafs er übergangen
wird. In Ermangelung von männlichen Nachkommen
oder Verwandten bis zum dritten Grad, kann die Witwe
oder Tochter zur Königin ausgerufen werden.[3] Jeder
Anak-Agong verfügt in gewöhnlichen Fällen über die
Frohndienste seiner Unterthanen, von denen der vornehmste die Unterhaltung der fürstlichen Wohnung ist,

---

1) T. v. I. T. L. en V. VIII, 1859, II, S. 105.

2) Hier haben wir also in der Person des Poenggawa eine
Mischung von Hinduismus und Malaiismus.

3) T. v. N. I, 287, 1879. Ratzel, II, a. a. O.

ferner das Bewachen derselben, das Unterhalten der
Hauptstrafsen, das Verrichten von Kulidiensten, welche
meistens auf Rechnung der Bewohner der Hauptstädte
kommen; endlich gehört zu diesen Frohndiensten auch
der Wachdienst an Orten des Warenumsatzes.

Nur die niedrigste Klasse leistet diese Dienste und
meistens nur 1 Tag im Monat.

Es scheint, dafs die Sklaverei auf Bali noch vorkommt[1] und in den der niederländischen Herrschaft nicht
unterworfenen Teilen noch ziemlich stark entwickelt ist.
Ich finde in einem Berichte[2] vom Jahre 1877 noch folgende detaillirte Angabe der Art und Weise, wie man
Sklave wird:

1) durch Kriegsgefangenschaft;

2) wenn Personen, die zum Tode verurteilt sind,
nach der Begnadigung die Geldstrafe nicht zahlen können;
Weib und Kind teilen dann dasselbe Geschick;

3) wenn ein Sudra stirbt ohne männliche Nachkommen, so verfallen Weiber und Töchter der Sklaverei.[3]

Früher bestand die gröfste Ausfuhr auf Bali in Sklaven, deren Tüchtigkeit Valentyn rühmt.

Durch Verträge wurde 1848 dieser Sklavenhandel
verboten und damit, zumal überall der Sklavenhandel
aufgehoben war, sein Ende herbeigeführt; doch in den
einzelnen Staaten selbst besteht die Sklaverei noch, es
scheint sogar, dafs noch oft Sklaven nach Boleleng ge-

---

1) Berichten van het Utrechts Zendelingsgenootschap 1865, S. 57.
2) T. v. N. I. a. a. O.
3) T. v. I. T. L. en V. 1872.

führt werden.[1] Es genügt aber eine einfache Meldung beim niederländischen Beamten, um sogleich frei zu werden.

Staatlich[2] ist Bali geteilt in 9 Fürstentümer, unter denen einmal Klonkong die geistliche und weltliche Herrschaft hatte; aber durch Krieg hat der Fürst von Klongkong sein Primat verloren, indes immer noch betrachten ihn die übrigen Fürsten als den primus inter pares, und wenn es zu ihrem Vorteil ist, sprechen sie mit sehr viel Ehrfurcht von ihm und betrachten sich selbst als seine Diener. Sonst geben sie nichts auf ihn und führen seine Befehle, wenn er überhaupt welche giebt, nicht aus. Sobald dieser Fürst, der den Titel Dewa-Agong hat (die übrigen Fürsten heißen Anak-Agong), seine weltliche Macht verloren hatte, war es auch geschehen um seinen weltlichen Einfluß.

Die 9 Staaten sind: Klongkong, Karangasem, Gjanjar, Bangli, Badong, Mangwi, Tabanan, Boleleng und Djembrana; die beiden letzteren stehen unter unmittelbarer niederländischer Herrschaft und haben ihre einheimischen Fürsten schon verloren.

b) Das Recht.

Was nun das Rechtswesen betrifft, so müssen wir im allgemeinen das Urteil aussprechen, daß auch die Rechtseinrichtungen den hohen Bildungszustand der Balinesen kennzeichnen.

---

1) T. v. I. T. L. en V. 1872, S. 237.

2) Lauts, Bali en de Balineezen, S. 105.

In strafrechtlichen Sachen[1] besteht ein Rat, dem der Fürst in Person vorsitzt und dessen Mitglieder aus den ältesten Gusti und denjenigen, die am meisten mit den Gesetzen bekannt sind, bestehen; dieser Rat tritt nur bei Abhandlung von Kapitalverbrechen zusammen; die geringeren Vergehen werden auf fürstlichen Befehl nach Willkür gestraft.

Die höchsten Richter[2] sind überall die Brahmanen, aus welchen der Fürst die Richter wählt. Ein Gerichtshof[3] besteht zum mindesten aus zwei Kertas; sie sprechen Recht in allen Civilsachen von Belang; aufserdem revidieren sie die Urteile der Distrikts- und geringeren Häuptlinge, von deren Rechtsspruch jeder nach erhaltener Erlaubnis von seiten des Königs appellieren kann. Die Kertas schlagen nur das Gesetzbuch auf und nennen die Strafe, die auf das vorliegende Verbrechen gesetzt ist; keiner darf sich der Ausführung des Urteils entziehen. Nur die Fürsten haben das Recht der Begnadigung. Die Distriktshäuptlinge und andere geringere Beamte sprechen Recht in Schulden — und andern bürgerlichen Sachen. Je höher die Kaste ist, zu der der Verurteilte gehört desto geringer ist die Strafe. Die höchste Strafe, zu der ein Brahmane verurteilt wird, ist lebenslange Verbannung oder Degradation. Die meisten Verbrechen, sogar Mord, können durch Geld gesühnt werden.

----

1) Oosterling I, S. 213, 1835.
2) T. v. N. I. 1847, II, S. 337.
3) T. v. N. I. 1879, I. S. 365.

c. Statistisches.

Für die Zahl der Bevölkerung haben wir keine genauen Angaben, weil der Einfluſs der niederländischen Regierung im gröſsten Teil der Insel noch sehr gering ist, offizielle Zählungen uns also noch nicht vorliegen; van Eck[1] bringt eine Angabe aus dem Jahre 1873 von 862 261;[2] demnach betrüge die Dichte etwa 149.[3]

Auf Bali und Lombok zusammen waren im Jahre 1886 3035 Chinesen und 16 200 nichtchinesische „Oosterlingen.“ Im „kolonialen Verslag“ von 1886 finde ich nur Angaben für Boleleng und Djembrana, und diese sind auch nicht ganz genau, weshalb es am besten sein wird, sich an die freilich auch nicht ganz zuverlässige Zahl von van Eck zu halten.

Das ist jedenfalls nicht zu verkennen, daſs Bali sehr dicht bevölkert ist, so daſs wir auch hier wieder den Satz bestätigt finden: Inseln sind dichter bevölkert als

---

1) T. v. N. I. 1878, II, 209. Die Dichte hat vielleicht stark zugenommen infolge des Verbotes der Sklavenausfuhr.

2) de Hollander S. 465 nennt auch diese Zahl.

3) Wagner (Bevölkerung der Erde 1880) spricht von 200 000 Einwohnern, das würde eine Dichte sein von 34, und macht S. 92 folgende Bemerkung: „Aus den Angaben des Regeerings-Almanak S. 37 geht aufs unzweideutigste hervor, daſs die sog. offiziellen Bevölkerungszahlen sich nur auf „„die unter europäischer Besteuerung stehenden Abteilungen Boleleng (Einw. 58 771) und Djambranan (12 974), beide auf Bali beziehen etc. Da uns nun einige andere Landstriche wie Badong als sehr volkreich geschildert werden, so dürfte die Zahl von 100 000 Einwohnern für die Insel doch wohl zu gering sein und 200 000 der Wahrheit näher kommen.““ Ich füge hinzu, daſs die Regierungsangaben von 1879 für Boleleng 65 305, für Djambrana 12 881 sind, und daſs diese Angaben auf alle Genauigkeit verzichten.

Festländer, obwohl hier die Inselnatur nicht ausschließlich die Dichte bewirkt haben wird, sondern die hohe Bodenkultur die letzte Ursache sein wird.[1] Ich könnte nun die verschiedenen Städte nennen, aber weil ich nichts weiter geben kann als bloße Namen, welche auf den Karten auch verzeichnet sind, halte ich solche Angaben für überflüssig. Die größten Städte haben denselben Namen wie der Staat, dessen Hauptstadt sie sind. Wenn sie nicht am Meere liegen, so haben sie einen Hafenort. Von Städten kann eigentlich gar nicht gesprochen werden; alle Orte sind Desas, und auch die Fürsten müssen sich mit solchen zufrieden geben.

Weil Bali ein so rein landwirtschaftlicher Staat geworden ist, wird die Bevölkerung auch wenig in Städten zusammenwohnen.

Das eigentümlich Schmutzige und Unregelmäßige, wovon der Graf van Limburg-Stirum[2] spricht, scheint allen Orten eigen zu sein. Mehr als 5—8000 E. wird wohl kein Ort haben, wenn nicht Boleleng in den letzten Jahren außerordentlich gewachsen ist.

Zum Schluß entnehme ich noch folgendes dem „Kolonialverslag" vom J. 1886.

In den Abteilungen Boleleng und Djembrana blieb des Gouvernements unmittelbare Herrschaft ungestört. 1885 kamen viele Auswanderer aus den umliegenden Staaten, die da in ungünstigen Verhältnissen waren, nach Boleleng und Djembrana.

---

1) Vgl. Kapitel: Anthropogeographie u. Geschichte.
2) T. v. h. K. N. A. G. 1887.

Es scheint, dafs die Bevölkerung in Boleleng sehr
gewachsen ist seit der Einführung der unmittelbaren
niederländischen Herrschaft.

Des Gouvernements Beziehungen zu den Staaten mit
eigener Verwaltung waren sehr günstig, aber das Verhältnis der Reiche untereinander stets schlecht. Tabanan
stand noch immer Mengoei feindlich gegenüber infolge
der Eroberung von Marga. Aber zu Gewaltthaten kam
es nicht, nur blieb der Verkehr zwischen beiden Staaten
gehemmt. Mengoei geriet auf gespannten Fufs mit Badong, weil der Fürst von Badong den Bruder des verstorbenen Fürsten von Mengoei auszuliefern sich gewei-
gert hatte; aber ein Krieg entstand deshalb auch nicht.
Weil nun die Bevölkerung Mengoeis das Bewässerungswasser für Badong zurückhält, befindet letzteres sich in
Not, weshalb ein Teil der Bevölkerung zur Empörung
geneigt ist. Im J. 1884 wurde Gjanjar von Klonkong
unterworfen und der Thron vom Sohne des Dewa-Agong
eingenommen, aber ein Jahr später ging dieser nach
Klonkong zurück. Der älteste Sohn des Fürsten von
Karang-Asem wurde wegen Kastenvermischung zum Tode
verurteilt.

9. Kapitel.

Religion und Tempelbau.

Das Eigentümlichste vielleicht, was uns Bali darbietet, ist die Mischung der verschiedenen Religionen. Wie bei den germanischen Völkern nachzuweisen ist, dafs im heutigen Christentum noch heidnische Elemente sich finden, ebenso läfst sich auch auf Bali Mischung des Malaiismus mit dem Hinduismus erkennen. Auf Bali und in Europa findet man Reste eines früheren Heidentums. Zu meinem Bedauern ist es mir aus Mangel ethnographischer Kenntnisse nicht möglich, überall zu zeigen, was Ur-Malaiismus und Hinduismus ist. Es wäre zu wünschen, dafs ein genauer Kenner des Hinduismus dies einmal auseinandersetzte.

In der Nähe von Sangsit,[1] namentlich in Krobokan und Simbiran, wie in den im Westen Bolelengs gelegenen Desas Tjembaga und Sidatopa, soll noch ein Stamm der früheren Baliaga bestehen, die Diener urmalaiischen Heidentums sind, — ich setze immer den Ausdruck „urmalaiisch", wenn die niederländischen Reisenden von

---

1) T. v. N. I. 1878, II, 165.

„polynesisch"[1] sprechen — dann in Bangkala, in Koeboe-Tambahan und in Bila. Die Baliaga bei Simbiran in der Nähe von Sangsit verweigern starrsinnig die Beerdigung ihrer Toten oder die Verbrennung.[2] Sie legen ihre Leichen nieder aufserhalb des Desas, wie auf Nias, bei den heutigen Parsis auf Bombay, und wie es bei den alten Persern geschah. Dies ist auch der Fall in dem Desa Tegnanan in Karang-Asem. In Klonkong sprechen sie ein eigentümliches balinesisch, für wenige verständlich. Die Kasteneinteilung kennen sie gar nicht. Im allgemeinen sind sie friedfertig und fürchten die Feuerwaffe.

Diese Verschiedenheit kann natürlich nicht eine Verschiedenheit von Abstammung, sondern fast nur eine Verschiedenheit in Bildung andeuten.

Van Eck schreibt im J. 1878: „Gerade wie die Battas auf Sumatra[3] waren die Balinesen ursprünglich Menschenfresser, und noch heute essen die Bewohner von

---

1) Die Polynesier und die Bewohner des ostindischen Archipels gehören doch zu einer Rasse, und wenn sie Ähnlichkeiten in ihrer Religion haben, so haben diese vielleicht schon bestanden vor der Trennung. Dies ist wenigstens wahrscheinlicher, als dafs der westliche Teil später etwas von dem östlichen entnommen hat. Vgl. T. v. N. I. 1868, II, S. 374; T. v. N. I. 1879, I, S. 104.

2) Sie setzen die Leiche meistens in einen Baum, ein Gebrauch, der auch auf Ceram heimisch ist. Bei ihnen bricht der Wunsch, die Leiche sich fern zu halten, deutlich durch.

3) Ratzel II, S. 451. Eine häufige malaiische Sitte. Ratzel sagt: „Die von Neuern angezweifelte Sitte des Auffressens der Kranken, Verwandten, wurde von Marco Polo berichtet."

Tenganan, einem Dorfe im Osten von Bali, ihre Leichen. Der Leichnam wird von der Familie auf einen aus Bambu geflochtenen Tisch gelegt, gewaschen und das durch die Ritzen tropfende Wasser in einem Topfe aufgefangen. Dann tragen die Männer den Toten nach dem Friedhofe, während die Weiber in dem Wasser, welches sie für Blut halten, den Reis für das Leichenfest kochen. Kommen die Männer zurück und steht der Reis auf dem Tische, so formen sie aus dem Reis eine Puppe. Nun werden die nächsten Familienglieder gerufen zum Verspeisen des Kopfes, die übrigen essen den Rest. Früher wurden nicht nur Tote, sondern auch alte Leute gegessen." Verschiedene einheimische Erzählungen sprechen von dieser Gewohnheit.[1] In demselben Jahre 1878 erzählt Eck folgendes: „Die Baliaga, die ursprünglich nur im Gebirge wohnten, an den Seeen, erkennen nicht nur die Herrschaft des Padanda (Hindupriesters) nicht an, sondern wollen auch nicht an die Kraft seines Toja-Terta glauben. Bei ihren religiösen Festen gestatten sie solchen Priestern nie den Zutritt. Der größte Teil dieser Urbalinesen wohnt in gesonderten Dörfern zusammen, der Rest ist über die ganze Insel zerstreut, auch in Sangsit wohnend, wo vor einigen Jahren 10 Familien sich weigerten, den Reinigungseid zu leisten, aus dem Grunde, weil sie noch nie das Weihwasser des Hindupriesters getrunken hatten und als gute Baliaga nicht trinken wollten. Obwohl die Menschenopfer aufgehoben sind, kommen sie auf Lombok,

---

1) T. v. N. I. 1878, 1, S. 40. Jacobs, Eenigen tyd onder de Baliers, S. 7.

wo die Ehrfurcht vor dem niederländischen Gouvernement nicht so grofs ist, doch noch vor. Die Fürsten mischen da offen zwischen ihre Opfer noch wiederholt Menschenköpfe, was auf Bali noch heimlich geschieht.[1] Am Abend des 7. März 1875[2] hatte die Bevölkerung einer Desa sich um ein Opfer gesammelt, auf das zwischen geschlachteten Hühnern, Enten, Schweinen u. s. w. und den nötigen Früchten und Blumen ein Mann gelegt war, dessen Opferung, nach dem Rate des Pemangkoe, eine gerade herrschende Epidemie beschwören sollte."

Das sind die Reste der rein urmalaiischen Religion, die ich gefunden. Andere Reste finden sich in dem Hindukultus selbst und sind mit ihm verwachsen, da die Hindupriester vieles der ursprünglichen Religion bestehen liefsen,[3] um der ihrigen Eingang zu verschaffen. Der Hinduismus ist die offizielle Religion, das feierliche Kleid, das die javanischen Eroberer und die hinduischen Kolonisten über das urmalaiische Heidentum geworfen haben. Letzteres war eine Naturreligion mit der Sonne als höchstem Gott.

Neben der Verehrung der Naturkräfte bestand die Anbetung der aus abergläubischen Beweggründen zu Göttern erhobenen Toten, als wirksamer Schutz, nach ihrer Meinung, gegen die Unzahl der Häuser, Wälder, Wiesen und Fluren belebenden Geister.[4]

---

1) van Eck, T. v. N. I. 1879, I, S. 42. Ratzel II, 462.

2) V. v. h. B. G. XII. a. a. O.

3) T. v. N. I. 1879, 1, S. 36.

4) Ratzel will die ganze Malaienreligion auf einen Ahnenkultus zurückführen und läfst die Natur nur insoweit in Betracht kommen,

Wenn es nötig war, so wurden jene bösen Geister auch durch blutige Opfer versöhnt.[1]

Sonst galt nur der Grundsatz: Lafst uns essen und trinken, denn morgen sind wir tot.

Wunderbar ist nun nicht, dafs bei einem so üppigen und sinnlichen Volke, wie die Balinesen, der Siwakultus Eingang fand. Man knüpfte eben an an die vorhandene sinnliche Religion, wie die Verbreiter des Islams; und da zwei Drittel des öffentlichen Dienstes nicht von einem Brahmapriester, sondern von einem Pemangkoe oder Balyan verrichtet wurden,[2] so trat erklärlicher Weise da der Urmalaiismus in den Vordergrund und nicht der Hinduismus. Diese Thatsache zeigt sich am stärksten in der Verehrung des Raboet-Sedana, einer aus Pfennigen gemachten Puppe, des Erhabensten, welches das Volk kennt. Einmal jedes Jahr wird die Puppe aus dem Dorftempel auf einer vergoldeten Tragbahre in feierlichem Aufzuge an den Meeresstrand oder einen grofsen Flufs gebracht, damit sie den Geburtstag mit den Wassergöttern feiere. Bei solch einem Feste, wobei die Hindupriester in einiger Entfernung bleiben, obwohl sie in ihrem Herzen sich am Feste beteiligen, ist das Volk lustig und fröhlich.

Das ist das Wichtigste, was ich gefunden habe von urmalaiischen Mischungen in der Hindureligion, indes als auch sie Fragen an den Geist dieser Völker stellt, die nicht beantwortet werden können, und insofern als die Antworten auf diese Fragen im Gebiete des Übersinnlichen gesucht werden. Damit ist die Verehrung der Sonne erklärt.

1) T. v. N. I. 1879, I, S. 36.
2) T. v. N. I. 1879, I, S. 36.

kann damit bei weitem noch nicht diese Frage erschöpft
sein; so z. B. kommt mir die staatliche Einrichtung, welche
ich vorher besprochen habe, nach der Lektüre von
Waitz-Gerlands Anthropologie rein malaiisch vor, und ich
dringe darum noch einmal darauf, daſs auf Bali unter-
sucht wird, was malaiisch und was hinduisch ist. Ich
glaube, daſs nach dieser Richtung hin auf Java schon
von Professor Wilke[1] gearbeitet ist. Auch der Kalender
zeigt die Mischung zwischen Malaiismus und Hinduismus.[2]
Auch in der Religion der Herrscher, die ich nun besprechen will, ist eine Mischung festzustellen, und zwar zwischen Buddhismus und Siwaismus.

De Hollander[3] sagt vom Buddhismus folgendes:

„Die Buddhisten, die gewiſs am ersten und wohl auf
geradem Wege aus Indien nach Bali gekommen sind, sind
jetzt hier nur noch in geringer Zahl, in einzelnen Dörfern
von Boleleng, Karang-Asem und Gjanjar;[4] sie alle bean-
spruchen, zur höchsten Kaste zu gehören,[5] und ihre Priester werden gewöhnlich einfach Brahmana-Boddha genannt.“ Eigentümlich ist wieder die Mischung des Siwaismus und Buddhismus beim Verbrennungsfest, indem
man nämlich das heilige Wasser des Padanda-Siva und

---

1) Indische Gids. 1884.

2) Friederich, Voorloopig verslag. 49.

3) Handboek voor O. I. L. en V. V. v. h. B. G. XXII, S. 50,
1849. Ein anderer Bericht dagegen sagt, daſs sie später kamen als
die Siwaiten, auf Bali wie auf Java.

4) V. v. h. B. G. XXII, 1849, S. 8.

5) T. v. N. I. 1879, 1, S. 40.

des Padanda-Buddha gebraucht und dieses durcheinander mischt. Daraus geht hervor, wie Friederich mit Recht sagt, dafs die Siwaiten der Hilfe der Buddhisten bedürfen; und dafs der Buddhismus noch ein integrierender Teil der balinesischen Religion ist. In einem Berichte von 1859 finde ich, dafs der Buddhismus nur dem Namen nach auf Bali bekannt ist, weil die Brahmana-Boddhas ihre Kaste so hoch stellen als die Siwaiten. Erstere aber dürfen essen, was sie wollen, den Siwaiten aber ist das Essen von Rind-, Pferde- und Hundefleisch untersagt.[1]

Die Buddhas sagen ihre Gebete und Manthas mit einem Ganda (kupferne Waffe mit 5 Zähnen am obern und untern Ende) in der rechten und der Klingel (Badjra oder Gonta) in der linken Hand. Die Siwaiten thun dies mit einer oder mehreren Blumen in der rechten und der Klingel in der linken Hand. Während des Hersagens der Gebete dürfen die Buddhas nicht mit andern sprechen, dagegen die Siwaiten wohl. Die Buddhas tragen das Haar frei hängend, die Siwaiten binden es in einen Knoten zusammen. Die Veda-Gebete, die Priesterkleidung, sind übrigens beiden gleich. Es giebt nur Brahmana Buddhas und ihre Padandas helfen den Siwaiten der vier verschiedenen Kasten bei religiösen Verrichtungen.

Und dies geschieht so, dafs der Buddhapriester seine Gebete nach S. zu sitzend hersagt,[2] während die vier

---

1) V. v. h. B. G. XXII, 1849.
2) V. v. h. B. G. XXII, 1849.

übrigen Priester nach den andern Hauptrichtungen gerichtet und in der Mitte sitzen.

Das Verhältnis des Siwaismus zum Buddhismus ist nach den Panditas folgendes: Buddha ist der jüngste Bruder Siwas,[1] und sie bestehen friedlich nebeneinander, obwohl weder die Buddhisten Siwa, noch die Siwaiten Buddha verehren.

Der buddhistische Einfluß war früher schon groß;[2] so befiehlt der Adat, daß bei jedem großen Landesopferfeste sowohl ein Buddha- wie ein Siwapriester Dienste thut. Die Anhänger beider Religionen dürfen miteinander eine Heirat schließen. Die Frau nimmt dann den Glauben des Mannes an. Doch haben die Siwaiten an Zahl die Mehrheit.

Die alte Hindureligion kennt noch auf Bali die Vedas und sie scheint nicht mehr entartet zu sein als die einer siwaitischen Sekte in Indien, der Dienst der Brahmanen hat sich hier vielmehr reiner gehalten. Der häusliche Kultus der Brahmanen weist auf den Monotheismus hin. Es giebt da keinen Tempel, kein Gottesbild, der Pandita, im Gebet versunken und abgezogen von allen weltlichen Sachen, wird zuletzt von der Gottheit selber begeistert und eins mit der Gottheit.[3] Die Zeremonien des Volkes, bei den vornehmen Kasten von dem Pandita angezeigt, bei den Kampongbewohnern von dem Mangkoe oder Tempelwächter, sind gerade wie in Indien sehr verschieden

1) T. v. N. I. VIII, 1847, S. 241.
2) T. v. N. I. 1849, S. 42.
3) T. v. N. I. 1849, S. 318.

von dem oben genannten häuslichen Kultus der Panditas.
Die Zeremonien haben so sehr ihre Bedeutung, welche
man in den heiligen Büchern lesen kann, behalten, dafs
sie nicht mehr entartet sind als in Indien. Wohl haben
diejenigen, die nichts von ihrer Litteratur wissen, die
absurdesten Meinungen von ihrer Religion und erzählen
die unglaublichsten Sachen als Bestandteile ihres Kultus;
aber sie haben nur durch mündliche Tradition einige
Kenntnisse von ihrer Religion und haben meistens gerade
das Wesentliche aus den Augen verloren, weil sie das
Einfachere nicht sehen, sondern nur das Wunderbare in
glühenden Farben in ihrem Gemüt festhalten. Wir müssen den Glauben der Brahmanen als Grundlage des Hinduismus auf Bali ansehen.[1] Brahmana-Siwa und Brahmana-Buddha bestehen hier; letztere in geringer Zahl,
nur in Karang-Asem und im Gjanjar in dem Desa Ba-
toean wohnen Menschen von dieser Sekte. Sie heifsen
Brahmana-Buddha, von denen schon oben die Rede war,
obwohl der Buddhismus das Kastensystem ausschliefst;
aber auf Bali (und wie die Tempel auf Java, namentlich
der Boro-Boedor anzeigen, auch hier in früheren Zeiten)
haben sich Siwaismus und Buddhismus gemischt.

Nach der Erklärung der Panditas giebt es nur einen
Gott, der Siwa mit seinem heiligsten Namen genannt
wird und gleichsteht mit Soerja, d. h. die Sonne. Er hat
beinahe alle indischen Götternamen und diese werden
durch das unwissende Volk für verschiedene Personen
gehalten. Er hat weiter eine Frau Oena oder Giripoetri

---

1) V. v. h. B. G. 1849, S. 50.

und Kinder, Ganesa und andere, aber auch diese werden
nur als verschiedene Äufserungen seines Allvermögens
und als Darstellungen seiner Funktionen angesehen; so
sind auch Kâla mit seiner Frau Doerga und seinem Ge-
folge von Boetas oder Raksasas — obwohl diese im Volksglauben feindliche Wesen geworden sind, welche durch
blutige Opfer[1] versöhnt werden müssen — ursprünglich
nichts weiter als derselbe Siwa, der Gott in seiner strafenden, unheilbringenden, vernichtenden Funktion. Brahma
und Visnju[2] geniefsen keine Verehrung, nicht einmal beim
Volke, mit Ausnahme bei einigen allgemeinen Landes-
festen, wo auch für sie Altäre errichtet werden, welche
man aber nach dem Feste wieder abbricht. Nach den
Panditas aber ist auch Brahma und Visnju (und Parana)
Siwa gleich und werden Sadda-Siwa und Parana-Siwa
genannt; diese zwei zusammen mit Mahâsiwa bilden die
Dreieinigkeit, Trimurti, wobei aber der Gedanke der Einheit vorherrscht vor dem der Dreieinigkeit.

Der gewöhnliche Kultus[3] des ganzen Volkes zeigt
sich nach zwei Richtungen hin: dem allgemeinen Kultus,
der namentlich von den Fürsten und Grofsen ausgeübt
wird und in den vornehmsten Tempeln stattfindet, und
in dem besonderen Kultus der niedrigsten Kaste, hauptsächlich in jedem Desa, nur unter Führung des Mangkoe.
Den Kultus in den Haustempeln dagegen übt jeder Balinese aus. Man glaubte früher, dafs der Kultus der Vor-

---

1) T. v. N. I. 1878, a. a. O.
2) T. v. N. I. 1849, S. 321.
3) T. v. N. I. 1849, S. 322.

nehmen, die von Java gekommen sind, sehr verschieden
wäre von dem noch erhaltenen altbalinesischen Kultus.
Die Balinesen dagegen erklären, sie hätten alle dieselbe
Religion und verehrten Mahadeva oder Siwa, ein Name,
der seiner Heiligkeit wegen nur wenig gebraucht zu
werden scheint. Bei genauerer Betrachtung findet man
ihre Begriffe über Religion so verwirrt, dafs ihre Mitteilungen darüber wenig Wert haben. Eigentümlich ist
es, dafs nur wenige der vielen Tempel in Ansehen stehen
bei den drei höheren Kasten. In diesen Tempeln werden
viele Götter verehrt, welche einen nichtsanskritischen Namen
haben, also ursprünglich andere Götter bezeichnen. Aber
Friederich[1] sagt, dafs er die Bedeutung dieser Namen
nicht analysieren konnte. Ein einziger Name ist klar,
nämlich Sang-Kasoehoen-Kidoel; er bedeutet „der im S.
verehrte"; dieser Gott soll mit Siwa gleich sein.

Ich nenne nun einige Tempel und ihre Eigentüm-
lichkeiten, so wie sie bei Friederich[2] vorkommen, um
doch etwas mehr zu erzählen als dafs die Hindu-Bali-
nesen Siwaiten sind, und um zugleich zu zeigen, wie
unklar und verwirrt dieser Kultus ist. Weiter wird dadurch auch wieder das anthropogeographische Gesetz bestätigt, dafs die Berge zu religiösen Regungen in sicht-
licher Beziehung stehen.

Der Tempel Basoekiti am Südfufs des G. Agong, wo
Poerna Djaja verehrt wird (d. h. der vollendete Sieg), der

1) V. v. h. B. G. a. a. O.
2) T. v. N. I. 1849, S. 323.

als Attribut den Toeak hat, eine Art Kris. Der Kris
soll eine urmalaiische Waffe sein, und so finden wir hier
also wieder eine Mischung.

Der Jeh Djeruk (das Wasser von Djeruk) in Gjanjar.
Verehrt wird Sang Putra Djaja (der siegende Prinz).
Seine Waffe ist Pedang, ein schwertähnlicher Kris. Im
Lande der Oesana-Bali sagt man, dafs Sang Poetra Djaja
auf dem Berge Batu Djeruk wohnt; Jeh Djeruk liegt
am Fufse von Batu Djeruk (dem Fels von Djeruk).
Man sieht also den Glauben herrschen, der Gott wohne
nicht in den Tempeln, sondern auf den Bergen, was aus
dem Folgenden auch hervorgehen wird, und die Eigentümlichkeit des Tempelbaues am Fufse der Gebirge ist
zu erklären aus dem Bestreben, der Gottheit näher zu
sein.

Interessant ist wieder der Kris hier, noch vielmehr
aber die Verehrung eines Wassergottes in einem Lande,
wo oft Mangel ist an Wasser, Oelloewatoe (Berggipfel)
in Badong, gelegen auf der Tafelspitze, dem Südwinkel
von Bali, auf einem Felsen, der aus dem Meere hervor-
ragt. Der verehrte Gott ist Sang Manik Kuwang (der
glänzende Edelstein); seine Waffe ist Tumbak, der Speer.
Die Fürsten von Bali gehen am 21. Tage des balinesischen Jahres, wenn die Festlichkeiten des neuen Jahres
endigen,[1] beim Feste der Gottheit in den Tempel, um
zu opfern.

Der Batu Kahu neben dem gleichnamigen Berge
(dem Pik von Tabanan). Der verehrte Gott ist Sang

1) Friederich, Voorloopig verslag, S. 51.

Djajaningrat (der Sieger der Welt). Seine Waffe (Sandjata) ist Panah, ein Bogen. Bogen und Pfeil sind Waffen, welche die Balinesen, nach Friederich, nicht gebrauchen, und, wie es scheint, nie gebraucht haben. Ich glaube indes, diese Behauptung ist nicht ganz richtig. Das ganze malaiische Volk hat doch Pfeil und Bogen gekannt und durch höhere Kultur, durch Verlassen des Jägerlebens, diese Waffen verloren, wie Peschel annimmt. Und gerade Bali ist bewohnt von einer rein landwirtschaftlichen Bevölkerung, die also am meisten unbekannt werden mufste mit diesen Waffen. Trotzdem kann aber in diesem Falle der Bogen sehr gut aus Indien gekommen sein. Siwa hat auch den Bogen als Attribut.

Pakendangan in Tabanan an der Meeresküste. Der verehrte Gott ist Sang Manik Kaleba mit dem Duveng als Waffe, einer Art Kris.

Die verschiedenen genannten Tempel sind also verschiedenen Göttern geweiht und keiner von allen hat einen echt indischen Namen; aber alle diese Namen bezeichnen nur den einen Siwa.

Es giebt auch zwei Tempel Indras, von Fürsten besucht: Sakennan auf der Insel Serangan, zu Bali gehörend, und Djempul in Bangli.

Weiter ist noch bekannt, dafs auf dem G. Bator Dewi Ganga verehrt wird. Die Oesana-Bali nennen diesen Berg als Sitz von Dewi Danuh, ein Name, der ebenfalls nur die schon genannte Ganga oder Oena bebezeichnet, die Gemahlin Mahadevas. Die Göttin wird wahrscheinlich am Fufse des Berges verehrt. Aufser die-

sen Tempeln findet sich in jedem Desa ein Panataram,
ein Tempel für den Kultus der Vornehmen, der nicht
Siwa oder einem der Lichtgötter geweiht ist, sondern
Durga, der finstern, gefürchteten Gottheit, der Gemahlin
des Kâla.[1] In den Panatâras werden scheinbar alle feindlichen dämonischen Kräfte, die Butas oder Raksasas, mit
Kâla und Durga an der Spitze, versöhnt.

Die Tempel des niedrigen Volkes[2] werden angesehen
als Punggawas, Stellvertreter der Panatâras, der Durga
gewidmeten vornehmen Tempel. Diese Unterordnung
entspricht ganz und gar dem balinesischen Kasten-, nicht
dem Feudalwesen, wie Friederich[3] es ausdrückt.

Diese Tempel sind also für die Klassen von Menschen, welche zu den Sudras gehören und im Anfange
der Oesana-Bali genannt sind: Mandesa, Gaduh, Dangka,
Batu-Daji, Pasek, Kabajan, Ngukuhin, Talikup. Diese
Abteilungen der Sudras bedeuten keine besonderen Neben-
kasten, sondern Menschen, die eine gewisse Stellung inne
haben. So sind z. B. die Mandesas Kampong-Häupt-
linge, und die übrigen haben meistens die eine oder die
andere Würde in der Dorfverwaltung. Die übrigen Sudras
haben den Kultus der Fürsten und der Häuptlinge, deren
Sklaven sie sind.

Bei den Tempeln ist am meisten auffallend, dafs
sie einen so grofsen Gegensatz zeigen gegenüber denjenigen von Java, da man doch alles, was die indische Bau-

1) T. v. N. I. VIII, 1846, S. 223.
2) T. v. N. I. 1849, S. 325.
3) Friederich, Voorloopig verslag, S. 43.

kunst leisten konnte, in den javanischen Tempeln wiederfindet, die balischen dagegen kaum den Namen von Tempeln verdienen. Allerdings sind die Reiche auf Bali zu klein und zu arm, um etwas ähnliches wie die Tempel des Boro-Budur leisten zu können, aber darum brauchen sie doch nicht zum andern Extrem überzugehen. Ich glaube die Balinesen auch in dieser Hinsicht eines wenig religiösen Sinnes beschuldigen zu müssen. Ihre Tempel sind nicht Tempel zu nennen: eigentliche Tempelhäuser sieht man nicht, nur ummauerte Räume,[1] worin sich die Wohnungen der verehrten Götter und Geister befinden, wozu allerdings oft malerische Thore[2] Zutritt geben. Diese Wohnungen sind kleine Häuschen, meistens leer, höchstens etwa mit einem Miniatur-Stuhl oder dergleichen.

Oft findet man einen Sitz ohne Haus; die Götterwohnungen sind gewöhnlich grob und schlecht ausgearbeitet, die Thore bestehen meist nur aus einem unbedachten, thürlosen Thorbogen, und doch bilden sie noch den schönsten Teil des Tempels. Das Hauptthor wird sehr wenig gebraucht, man hat für den Zutritt ein kleines Nebenthor, wodurch man auf einen freien Platz kommt, und nun führt ein zweites Thor in die Götterhäuser. Diese sind thür- und dachlos. Oft fehlt auch der freie Platz ganz, und man gelangt vom Aufsenthor augenblicklich zu den Gotteshäusern; dagegen haben andere Tempel wieder zwei Vorhöfe. Die schönsten Thore finden

—

1) T. v. N. I. 1849, S. 326.
2) T. v. N. I. VIII, 1847, S. 239.

sich in Boleleng; in Bangli haben die Götterhäuschen meistens verschiedene Dächer[1] übereinander. Die Zahl der Dächer ist abhängig von der Stellung des verehrten Gottes und des Erbauers der Kapelle.

Meistens sind diese Tempel aus roten Steinen gebaut.[2] Durch die beinahe ausschliefsliche Verehrung Siwas sind die übrigen Götter ihm viel mehr als Nebenformen assimiliert worden als in Indien, wo verschiedene Kulten namentlich von Vischnu und Siwa mit all ihren unendlichen Unterabteilungen bestehen. In Bali sind nur zwei Klassen höherer Wesen einander gegenübergestellt: die eigentlichen oder Lichtgötter und die Dämonen oder feindlichen Geister, die aber auch ursprünglich Götter sind. Siwa allein hat vier Arme zum Zeichen seiner Allmacht. Wenn die übrigen Götter diese vier Arme haben, ist es ein Zeichen, dafs sie die Gestalt eines Raksâsa angenommen haben, was bei allen eigentlichen Göttern stattfinden kann. Wenn Vischnu, Brahma oder andere mit Hauern abgebildet und als Raksâsas angesehen werden, so heifsen sie Vischnumurti, Brahmurti etc. Murti bedeutet Körper. Siwa ist der höchste, und weil alle andern Götter aus ihm hervorgingen, der einzige Gott.

Er ist der Weltschöpfer, Erhalter und Zerstörer. Die meisten indischen Namen hat er auch in Bali, so Isvara, Mahesvara und Isa (Herr). Mahadeva (der grofse Gott) ist der Sohn Siwas, er ist aber dieselbe Person mit Siwa, aber der Volksglaube macht aus allen beson-

---

1) T. v. N. I. VIII, 1847. S. 239. T. v. N. I. 1849, S. 327.
2) Ratzel a. a. O., S. 383. T. v. N. I. I, 1849, S. 325.

deren Namen des Gottes besondere Götter. So wird z. B.
Mahadeva als ein Jüngling, Isvara und Mahesvara als
besondere Götter vom Volke genannt, was im Wider-
spruch steht mit den Erklärungen der Panditas. Pasupati
(Herr der Geschöpfe), Hara (der greifende), Bima (der
gefürchtete), Oegra (der wilde), Rudra sind weitere
Namen für Siwa und bilden zugleich eine Klasse von
untergeordneten Göttern. Bawa (Natur), Sungkara, Sambu,
Triambaka (der dreiäugige),[1] Nilakanta oder Nilalohita (mit
einem schwarzblauen Hals): er hat von Vischnu das Gift,
das aus dem Boden des Ozeans kommt, getrunken und darum
einen schwarzen Fleck am Halse erhalten. Diese Vorstellung ist aber auf Bali unbekannt, und Nilalohita ist ein
gewöhnlicher Name für den höchsten Siwa. Der Trisula
(Dreizack) ist die vornehmste Waffe Siwas, und davon
hat er den Namen. Er hat hier auch den Namen Dja-
gannata (Herr der Welt), welchen in Indien Vischnu hat,
weil man auf Bali nur einen Gott (Siwa) kennt. Das
dritte Auge ist eigentlich die Sonne, aber die Balinesen
sagen, Siwa ist Surja, die Sonne, als Zeichen von Macht
und Allwissenheit. Das Auge Indras ist gleich demjenigen Siwas. Indra wird auf Bali neben Siwa verehrt,
Vischnu und Brahma nicht.[2] Das Auge der Stirn wird
in Unkenntnis der ursprünglichen Bedeutung Matra Trinetra genannt (Trinetra bedeutet: mit 3 Augen versehen,
ein Epitheton von Siwa, gerade wie Triambaka). Unter
Trinetra wird nun speziell das dritte Auge verstanden.

---

1) vgl. Ζεὺς τρίοφ θάλμος.
2) Lauts, Bali en de Balineezen, S. 33.

Der Pandita hat diesen Namen nicht gegeben, er spricht
nicht von Götterbildern, da er sie als zu geringfügig ansieht, sein Gott ist unsichtbar, nur mit der Seele zu
sehen.

Die ganze Bekleidung[1] Siwas zu beschreiben, würde
mich zu weit führen, und darum gebe ich nur die Hauptsachen. Auf dem Kopfe hat er verschiedene Arten von
Tiaren, um die Stirn ein Diadem von Edelsteinen, in den
Ohren Ohrringe. In der obern rechten Hand hat er
einen Gebetkranz, in der obern linken einen Fächer von
Kuhhaar. Die beiden untern Arme hält er vor die Brust.
Er steht auf einem Lotusbett, Padmâsana, wodurch er
sich von den übrigen Göttern unterscheidet. Alle Teile
der Bekleidung haben balinesische Namen. Die Kleider
seiner Priester dagegen nur Sanskritnamen, während das
heilige Bandelier einen balinesischen Namen hat. Hieraus
zieht Friederich den Schluſs, daſs die verschiedenen
Götter nur dem Volke gehören, daſs die Panditas den
Wunsch des Volkes nach Polytheismus und der körper-
lichen Darstellung desselben nachgegeben haben oder aus
selbstischen Interessen diesen Wunsch unterstützt haben,
ohne aber diesen Abbildungen die heiligen Sanskritnamen
zu geben. So hat man denn nur die balinesischen Namen für Attribute der Götter, die von den Priestern
nicht geehrt werden. Es besteht zwischen ihrem Kultus
und demjenigen der übrigen Kasten eine groſse Differenz;
dies zeigt sich aus der Vorstellung des Râmâjana und
Mahâbharata als heilige Schriften für die niedrigen Kasten,

---

1) T. v. N. I. 1849, S. 329.

den Vedas gegenüber, die nur im Besitz der Brahmanen sind.[1]

Siwas Gemahlin heifst Oena, Giriputri oder Sri und
Pàwati, die Göttin der Landwirtschaft und Fruchtbarkeit, in
kleinen Kapellen neben den Reisfeldern und in den grofsen
Tempeln mit Siwa zusammen verehrt, aber nicht als ein
Mannweib. Sie heifst auch Dewi-Ganga, eine Gottheit,
die in Indien einen sehr niedrigen Rang hat. Die Kleidung ist gleich derjenigen Siwas. Sie hat die Haltung
einer Rongging (Tanzmädchen), um dadurch religiöse Ge-
sinnung anzuzeigen, die nach malaiischer Art mit dem
Verdrehen von Händen und Armen zusammengeht. Ich
glaube hieraus ruhig folgern zu dürfen, dafs ein enger
Zusammenhang besteht zwischen der Unsittlichkeit und
der Religion der Balinesen, und dafs die schon vorhandene Sittenlosigkeit die Einführung und Einbürgerung
der neuen Religion stark begünstigte.

Vischnu ist mehr in der Mythologie als in dem Kultus
von Bedeutung, er ist der Held der epischen Dichtungen,
namentlich des Ramajana, und man ist ihm auf Bali nicht
feindlich gesinnt. Er steht weit unter Siwa; er ist nichts
mehr als der göttliche Mensch. Er hat keinen Kultus,
obwohl der viel geringere Indra Tempel hat. Seine My-
then mufsten den Siwaismus verschönern, auch so den
Buddhismus. Bei grofsen Opfern werden Vischnu und
Brahma grofsartige Tempel errichtet, aber nicht von Stein,
denn nach Beendigung der Zeremonien werden sie wieder
abgebrochen. Auch Vischnu hat ein drittes Auge in der

---

1) V. v. h. B. G. XXII, 1849.

Stirn, mit derselben Bedeutung wie das Siwas. Iri ist
seine Gemahlin, aber sie wird gar nicht verehrt.

Brahma hat mit Vischnu zusammen einen Himmel,
er gleicht Vischnu ganz, ist aber älter. Er heifst auch
Tjaturmuka (mit 4 Antlitzen), Padmajani (der aus dem
Lotus geborene). Seine Waffe in der rechten Hand ist
der Danda, ein Stab, der Vischnu auch gegeben wird. Alle
Götter sind beinahe gleich, nur Siwa hat das Lotusblatt
und 4 Arme. Dies kann als Beweis des ursprünglichen
Monotheismus gelten. Saraswati ist die Göttin, welche
ein besonderes Fest hat, einmal im balinesischen Jahre,
wobei alle Schriften der Könige und Priester in die Haustempel gebracht und durch darüber gesprochene Gebete
geheiligt werden. In der Kleidung gleicht diese Göttin Iri.

Indra hat Kopfputz und das dritte Auge wie Siwa
und steht nach ihm am höchsten. In der rechten Hand
hält er den Badjra (Blitz), als Herr des untern Himmels
oder der Atmosphäre. Ihm[1] wird viel geopfert, weil er
als schädlicher Gott betrachtet wird, und er hat besondere
Tempel. Er blieb bei den Siwaiten in Verehrung, weil
er nie dem Siwa Konkurrenz machen konute. Seine Frau
heifst Satji. Jama ist der Sohn Siwas und Oenas, der
Gott der Künstler, Gelehrten und der Diebe, er hat als
Attribut Pustaka, einen heiligen Satz auf Lontarblättern.
Er hat einen Elefantenrüssel und Zähne, ist aber im
übrigen Mensch mit 4 Armen, sehr schlau, aber sehr
häfslich.[2] Er wird zugleich mit Oena verehrt. Weiter

— - —

1) V. v. h. B. G. XXII, 1849, S. 34.
2) vgl. Hephästos.

ist Jama der Gott des Todes und der strafenden Gerechtigkeit. Er trägt den feuerflammenden Richterstab (Dandagui). In der Unterwelt, welche sieben Abteilungen hat, kocht er die Verbrecher in einem kupfernen Kessel. Die Seelen[1] der Abgestorbenen gehen entweder in den Himmel oder in eine der Höllen, aber in jedem Falle nur für eine bestimmte Zeit. Das Ideal der Balinesen ist aber das irdische Leben, die Fortdauer nach dem Tode ist ihnen nicht ganz klar. Aus diesen Begriffen[2] ist meiner Meinung nach auch der Hang der Balinesen nach Festlichkeiten zu erklären. Den Himmel des Siwa oder Indraloka stellt der Balinese sich vor voll von schönen Männern und Frauen, die den Göttertrank herumzugeben haben. Die Hölle ist eine Art Fegefeuer, wo die schuldige Seele viele Tausende von Jahren büfsen mufs für die Sünden, welche im Tagebuch des Geheimschreibers des Jama, Sang-Suratina, aufgeschrieben stehen.

Nur durch Verbrennung kann man unmittelbar in den Indraloka kommen. Panditas gehen augenblicklich dorthin, die andern erst nach siebenmaliger Menschwerdung. Nur Kinder, die noch nicht die Zähne gewechselt haben, bedürfen dieser Verbrennung und Seelenwanderung nicht. Die zum Tode verurteilten und diejenigen, die der Blatternkrankheit unterlagen, auch schwangere Frauen, dürfen nicht verbrannt werden.[3]

Die gröfste Rolle spielen zuletzt noch die Geister, welche sehr gefürchtet und deshalb eigentlich mehr ver-

---

1) T. v. N. I. a. a. O.
2) T. v. N. I. 1880, S. 401.
3) Friederich, Voorloopig verslag a. a. O.

ehrt werden als die Götter, deren Verehrung nur ausgeübt
wird als das Gegengewicht gegen diese Geister.

Ausgeübt wird der religiöse Dienst von Priestern,
die den Namen Padanda führen. Jeder Brahmane[1] kann
Padanda werden und braucht deshalb nur der Schüler
eines Priesters zu werden. Dieser ist immer ein Gelehr-
ter oder Pandita. Der Schüler muß viele peinliche Dienste
leisten; er setzt sich z. B. den Fuß des Pandita auf den
Kopf, trinkt das beim Waschen vom Körper des Priesters
abfliefsende Wasser; unterrichtet[2] wird er im Lesen der
Vedas und in den unsichtbaren Dingen. Obwohl das
Lehrgeld noch nicht 100 ℳ beträgt, giebt es doch nicht
viele Schüler, weil die meisten damit warten, bis die
weltlichen Dinge und Genüsse ihren Reiz für sie verloren
haben. Denn ein Padanda darf keine neue Heirat schliefsen, kein Schweinefleisch und keine Hühner essen, keinen
Tabak rauchen, nicht spielen und nur einmal am Tage
essen.

Dagegen ist der Padanda der erste im Lande, er steht
sogar über den Fürsten; für das Volk, dessen Ratgeber,
Schriftgelehrter, Astronom und Astrolog er ist, ist er der
Vertreter der Götter. Ist er gelehrt, so wird er Pandita
und bekommt den Stab (Danda), welcher seine geistliche
Macht bezeichnet. Auch kann er Hauspriester des Fürsten
(Purahita) werden, ja sogar Landeslehrer (Siva Loka). Er
darf 4 Frauen haben und wird zum teil auf Kosten der
Desa ernährt. Der Ort, wo er wohnte, wird so heilig,

---

1) T. v. N. I. 1849, S. 322.
2) T. v. N. I. 1879, S. 44.

dafs keiner nach ihm da wohnen darf, daher die vielen
wüsten Plätze in balinesischen Dörfern. Aus Ratzels
Völkerkunde[1] geht hervor, dafs in Ostindien Tabu-Ein-
richtungen vorkommen. Ich möchte darum annehmen,
dafs die erwähnte Sitte auch Tabu ist, denn die Religion
wird hier zu praktischen Zwecken gemifsbraucht.

Aus dem Gesagten geht hervor, dafs die Priester
den ganzen Staat beherrschen, zumal der Balinese ja so
empfänglich ist für mystische Eindrücke.

Die Priester haben eine eigentümliche Kleidung; hervorzuheben ist die heilige Lotusblume in der rechten
Hand, womit er den Toja-Terta schöpft, und die Klingel.[2]
Neben ihm liegt eine Art Rosenkranz. Der Siwapriester
tritt nur auf bei grofsen Feierlichkeiten und dann fast
nur in Tempeln, wo ein Padma-Sana (Götterschrein, in
Gestalt einer Lotus sich befindet Seine Hauptbeschäftigung
ist der Pasurga-Sewana (Weihe durch Gebet und Waschung
für den Batara Surga = Siwa = Sonne).

Der niedere Kultus wird den Tempelwächtern und
Zauberern überlassen. Eine Priesterin heifst Padanda Istri.
Die drei niedrigen Kasten[3] haben weder die Vedas, noch
können sie die Kraft der Panditas durch ihren Kultus
bekommen. Ein Ksatrija oder Wesja wird zuletzt Resi,
wenn er den von den Pandita aufgelegten Pflichten nach-
lebt. Das sind die Trata, die hauptsächlich bestehen im
Fasten, in der Enthaltsamkeit von sinnlichen Genüssen

---

1) II, S. 455.
2) Diese Klingel kommt in andern Teilen des Archipels auch
vor, vgl. auch Ratzel a. a. O.
3) T. v. N I. 1849, S. 321.

und dem Innehalten des Atems. Dem Worte Resi wird
oft dieselbe Bedeutung gegeben wie dem Worte Bud-
jangga und diesem wieder dieselbe wie Pandita. Aber
ein Mann aus niedriger Klasse kann nie Pandita oder
Padanda werden. Der Unterschied der Resis untereinander ist nicht klar, nur mit Hilfe des Sanskrit festzustellen: Devarsi = Deva Resi; Maharsi = Maha Resi, so auch
Maharsis und Brahmarsis. Die Devarsis und Maharsis sind
Brahmanen, erstere sind zu Göttern geworden, also nicht
mehr der Seelenwanderung unterworfene Menschen. Die
Maharsis scheinen von ihnen nicht sehr verschieden zu
sein. Der Brahmane heifst auf der Erde Brahmana-Resi,
und ein zum Resi gewordener König Rādjarsi. Dafs die
Vesjas diese Würde grofsenteils erreichen können, rührt
daher, dafs die meisten Könige auf Bali dieser Kaste
zugehören. Ein Sudra kann nur Dukun werden, mit
denen die javanischen Dukuns, Dorfpriester und Ärzte,
verglichen werden können. Auch auf Bali ist der Dukun
durch die Kraft seiner Bufse fähig, Krankheiten zu heilen.
Er leitet die Zeremonien in den Tempeln der Desas und
beaufsichtigt die Tempel. Dieser häusliche Kultus wird
von sehr wenigen Personen ausgeübt, er ist der Rest oder
das Analogon des indischen Joga, eine Bufse, welche auch
hier bekannt ist, aber nicht zu solchen lächerlichen und
abscheulichen Peinigungen des Körpers ausgedehnt wird.
Der Siwaismus ist hier sanfter als in Indien.

Es ist natürlich, dafs auch auf Bali geopfert wird,
aber die fünftäglichen Opfer, welche der indische Hausvater
zu bringen hat, finden sich hier nicht. Die Panditas lesen
die Vedas einmal am Tage; das Volk bringt seine Opfer

und betet an gewissen Tagen. Der Kultus[1] besteht im
Mitbringen von Opfern, die vor die Tempelhäuschen
gestellt werden; in den gewöhnlichen Tempeln thun dies
meistens die Frauen, die auch mit der Bereitung der verschiedenen Opfer beauftragt sind. Das Bringen der Opfer
ist mit Mantras (Gebeten) verbunden, welche aber nicht
laut hergesagt werden. Die Opfer sind sehr mannigfach
und für jedes Fest und jeden Gott besonders bestimmt.
Meistens sieht man Reis in verschiedenen Bereitungen,
gekochte Fleisch-Speisen, Obst, Sirih, Kwekwe, Gela, Ge-
tränke, Kleider.

Blutige Opfer[2] werden Durga gebracht, meistens
Hühner,[3] Enten, kleine Schweine, dann und wann auch
Karbouwe, Hunde,[4] Ziegen u. s. w. Diese Opfertiere aber
essen die Opfernden, die eigentlich nur die Haut, Knochen
und Teile des Fleisches bringen, gekocht oder gebraten.
Am Feste Bajakala wird von jeder Familie ein Schwein
geschlachtet und das Fleisch und Blut wird dann in den
Gehöften der Häuser für Kàla und die Butas niedergelegt.
Auch dieses Fleisch wird von den Opfernden gegessen.
Aufser diesen Opfern wird der Tempel mit Toja-Terta (hei-
ligem Wasser) benetzt. Dieses Wasser[5] wird bei den
Panditas gekauft, die es durch das Veda-Lesen heilig
gemacht haben. Die Opfernden gebrauchen dieses Wasser,

---

1) van Hoevell in T. v. N. I. VIII, 1846, S. 236.
2) T. v. N. I. I, 1849, S. 235.
3) Diese Opfer sind anscheinend allgemein in Ostindien.
4) Ratzel, II, 476.
5) T. v. N. I. 1879, a. a. O.

um sich zu reinigen, den Mund zu spülen und das Gesicht zu benetzen. Die Opfer, die bei grofsen Festen massenhaft und kostbar sind, bleiben weder in den Tempeln, noch werden alle den Priestern geschenkt. Kleider und Geld[1] bekommen zum teil die Panditas, die dem Kultus vorstehen; die Opfer von essbaren Sachen werden, nachdem sie gebracht sind, unter Gebeten wieder zurückgenommen. Der Pandita bekommt weiter für Verbrennungen und die Hülfe bei Opfern der Fürsten sehr viel Geld.

Der Gipfel des Hinduglaubens und zugleich das meist beliebte religiöse Volksfest ist die Leichenverbrennung. Wenn ich versuche, die Hauptsachen davon wiederzugeben, so halte ich mich dabei an die Studien von Friederich vom J. 1847[2] und von van Limburg-Stirum[3] vom J. 1887, vielleicht dann und wann etwas aus andern Schriftstellern nehmend.

Der Zweck[4] der Verbrennung ist, augenblicklich in das Sivaloka zu gehen, weil die nicht verbrannten Menschen erst eine ganze Seelenwanderung durchmachen müssen. Hieraus ist auch zu erklären, dafs eine so grofse Masse Hunde auf Bali sich befinden, denn die Balinesen sehen sie an als Träger von Sudra-Seelen, und wenn sie auch keine grofse Achtung vor den Sudras haben, so doch immerhin so viel, dafs sie die Hunde leben

---

1) Friederich, Voorloopig verslag, a. a. O.
2) Friederich, Voorloopig verslag, a. a. O.
3) T. v. h. K. N. A. G. 1887.
4) T. v. N. I. 1879, I, S. 104.

lassen.[1] Weil die Verbrennung sehr viel Geld kostet,[2] kommt es oft vor, daſs die Familie die Kosten der beabsichtigten Verbrennung nicht bezahlen kann; dann wird die Leiche begraben;[3] aber noch bis auf das dritte Geschlecht geht die Verpflichtung der Verbrennung, so daſs oft nur einige Knochen von verschiedenen Leichen, ja sogar ein Nichts mit allen zugehörigen Feierlichkeiten verbrannt wird. Der Verbrennungstag soll ein glücklicher sein, und ist einer der Tage der ersten Hälfte des Mondmonats. Eine Leiche wird erst einbalsamiert, aber doch kann sie zu faulen anfangen und furchtbar stinken, wovon v. Stirum zu erzählen weiſs, zumal noch ein Priester mit einem Stäbchen im verwesenden Körper herumrührte. Im Munde hat der Leichnam einen goldenen Ring, damit der Leichnam gefreit sei gegen Dämonen.[4] Die Häuser, in denen Leichen bewahrt werden, gelten für unrein; und wenn es Leichen von Fürsten sind, wird der Palast

---

1) vgl. auch Ratzel II, S. 461.

2) Auch bei den nicht-hinduischen Bewohnern von Ostindien kommen kostspielige Totenfeste vor, so daſs die Armut durch sie mit begründet ist.

3) Ratzel, II, S. 456.

Auch bei den andern Malaien bleiben die Leichen aus demselben Grunde lange unbegraben. vgl. auch Ratzel, II, S. 461.

Crawfurd, As. Researches, XIII.

Crawfurd, Hist. Ind. Arch. 244.

T. v. N. I. 1849, I, S. 425.

4) Ratzel II, 483. Das Mitgeben verschiedener Dinge scheint eine allgemeine malaiische Sitte zu sein: die Männer bekommen Waffen, um sich zu verteidigen und zugleich auch Mittel zur Bestechung.

bis zur Verbrennung nicht von seinem Nachfolger bewohnt, so dafs der Thronfolger und nunmehrige Regent oft in einem kleinen Häuschen wohnen mufs. Wenn die Vorbereitungen zur Verbrennung endlich vollendet sind, wird die Leiche aus dem Hause getragen und das religiöse Fest beginnt unter Führung einiger Panditas, die alles beaufsichtigen, auch die Opfer, und zugleich die Götter anrufen für das Gelingen der Zeremonie. Eine vollständige Beschreibung des Leichenzugs und des Scheiterhaufens zu geben, würde zu weit führen; deshalb verweise ich auf die oben genannten Quellen, allein das möchte ich noch bemerken, dafs die ganze Leichenverbrennung sehr kostspielig ist. Friederich spricht von einem Leichenzuge, welcher mehr als einen Paal Länge hatte, während von Stirum einen ganz kleinen sah, indes hinzufügt, dafs eben der Zug wie bei uns je nach dem Ansehen und Reichtum des Toten verschieden lang sei.

Der Zug besteht aus vielen Abteilungen, die durch Musikanten geschieden sind, die dafür sorgen, dafs keiner an eine Trauerzeremonie denkt. Den zweiten Teil des Zuges bilden die Weiber mit Toja-Terta,[1] den dritten die Opferträger. Sobald nun die Leiche an den Ort der Verbrennung gekommen ist, wird sie der Kostbarkeiten beraubt, welche unter das Volk verteilt werden. In charakteristischer Weise zeigt dies wieder den geringen Ernst, womit der Balinese die Hindureligion ausübt, was auch

---

1) Dies ist so heilig wie das Gangeswasser; T. v. N. I. 1849, S. 426.

daraus zu entnehmen ist, dafs, sobald die Verbrennungs-
pyramide angezündet ist, jedermann ein Stück davon
abreifst. Dr. v. d. Jagt hat z. B. ein Paar schöne
Tücher von einer solchen Leichenfeierlichkeit sich erworben.

Ist die Verbrennung geschehen, so wird die Asche
gesammelt und am nächsten Tage mit den Kleidern und
Opfern an das Meer gebracht und in dasselbe gestreut.[1] Den
gröfsten und reichsten Teil der Opfer bekommt aber der
Padanda. Nach der Verbrennung des Leichnams finden
noch einige Scheinverbrennungen statt, bis ein Jahr nach
der ersten Verbrennung, in welcher ganzen Zeit immer
für den Gestorbenen geopfert wird. Nach Ablauf des
Jahres sind die Opfer nicht mehr nötig, denn nun ist der
Verstorbene nach dem Volksglauben in Indras Himmel
eingegangen und hat nun teil an den häuslichen Opfern
seines Geschlechts.

Interessanter ist aber die Witwenverbrennung, welche
Friederich noch auf Bali gesehen hat, die zu Zollingers Zeit (in den 50ger Jahren)[2] nur noch selten vor-
kam, nach einem spätern Schriftsteller[3] ganz aufgehört
hat. Bei der Verbrennung, welche van Stirum gesehen
hat, scheinen keine Weiber ins Feuer gesprungen zu sein,
auch läfst er sich gar nicht darüber aus, ob überhaupt

---

1) Hierin möchte ich die Verehrung des weiblichen Ocean-
Geistes sehen. Ratzel II, S. 482.

2) Zollinger, Reis over Bali en Lombok.

3) T. v. N. I. 1879, I, 104. Im J. 1862 fand noch eine Witwenverbrennung in Kaloukong statt.

die Frauenverbrennung noch vorkommt. Auf Lombok
war sie zu Zollingers Zeit sehr gewöhnlich. Die Verbrennung geschah auf Bali auch fast nur bei fürstlichen
Witwen, weil die Verbrennung zu teuer war. Bei den
Sudras und Brahmanen kommt sie nur ausnahmsweise
vor, denn für die Sudras ist sie zu teuer, und die Brahmanen halten die Verbrennung nicht für notwendig. Meistens[1] sind die Weiber, welche sich opfern, fürstliche
Sklavinnen, welche gewöhnlich aus der vierten Kaste stammen. Sie sind vom Augenblick ihres Entschlusses, sich
verbrennen zu lassen, heilige Personen; sie genießen die
Ehre der Pitaras, dürfen nicht mehr den Boden berühren,
es wird ihnen geopfert, und alle ihre Wünsche werden
befriedigt. Sie selbst sind von religiösen Gedanken begeistert. Eine Priesterin begleitet sie bis zum Augenblick des Todes und malt ihr mit glühenden Farben die
Glückseligkeiten des Lebens in Swanga aus, das Steigen
zu einer höheren Kaste und die rechtliche Gemeinschaft
mit dem Verstorbenen. Dazu kommen noch die Ehre
und die Vorteile, welche die Familie der Frau vom Nachfolger des Fürsten erwartet: die Männer der Familie
werden Desa-Häuptlinge, Pambekel u. s. w. Sie sind dann
auch die einzigen Personen, welche die Weiber zwingen,
ihrem Vorsatz der Verbrennung treu zu bleiben. Sie
begleiten dieselben, schüren das Feuer, und heben dann
und wann, wenn die Frau zögert, die Planke, worauf sie
steht, in die Höhe, damit sie ins Feuer stürzt. Dies
kommt aber selten vor. Die Begeisterung und das Opium

---

1) T. v. N. I. 1849, I, S. 422.

haben die Frauen meist ganz gleichgültig gemacht, sie springen ins Feuer wie in ein Bad.

Acht Tage nach dem Tode eines Fürsten oder einer vornehmen Person werden die Frauen gefragt, ob vielleicht einige ins Feuer nachfolgen wollen. Der Entschlufs kann schwer rückgängig gemacht werden, Schande und Familie hindern einen Rücktritt. Nach den bestimmten 8 Tagen werden keine Meldungen mehr angenommen. Friederich[1] sah die Verbrennung von 3 Frauen und beschreibt sie auf folgende Weise:

Auf der Planke stehend sah eine die andere an, um zu sehen, ob sie bereit war zum Tode; aber dies war kein Blick der Furcht, sondern der Ungeduld und des Wunsches, sich sofort in die Flammen zu stürzen. Nachdem die mit Öl bestrichenen Planken, auf welche die Weiber traten, über das Feuer geschoben waren, machten sie 3 Sembahs, indem sie die Hände über dem Kopf zusammenbrachten. Von den Umstehenden wurde ihnen eine kleine Taube auf den Kopf gesetzt. Wenn nun mit der Taube nach dem Volksglauben die Seele wegfliegt, springen sie, wie hier, sofort ins Feuer.[2] Kein Laut beim Hineinspringen, kein Laut aus dem Feuer; sie müssen augenblicklich erstickt sein. Während der Zeit von der Verbrennung des Fürsten bis zum Niederspringen der Frauen wiederhallt die Luft von Lärm der Musikanten; die

---

1) Voorloopig verslag, a. a. O.

2) Meistens lassen sie sich allerdings mit dem Kris ermorden, und dann wird ihre Leiche mit der des Fürsten verbrannt. T. v. N. I. 1849, I, S. 423.

Schützen, die sich aufserhalb des viereckigen Raumes aufgestellt hatten, thaten durch Schiefsen das Ihrige zum Lärm; auch einige Kanonen wurden abgefeuert. Keiner der anwesenden 50 000 Balinesen zeigte ein anderes als ein frohes Gesicht, denn sie betrachten die Verbrennung als die Erfüllung der höchsten religiösen und Ehepflichten, keiner sieht darin ein Greuel. Die allesvermögenden Priester dagegen lieben für ihre Kaste die Weiberverbrennung wenig.

So ungefähr gestaltet sich der religiöse Kultus des gröfsten Teiles vom Volke.

Ist nun eine Bekehrung der Balinesen möglich?

Van Hoevell[1] meint, diese Frage müsse ernstlich erörtert werden, denn da der Hinduismus veraltet sei, wäre es Zeit zur Einführung des Christentums, sonst würde der Islam, der auch hier schon Bekenner gefunden hätte, obsiegen. Indes die ersten jahrelangen Versuche der christlichen Missionare[2] verliefen unglücklich, der einzige Bekehrte half sogar den zweiten der drei Prediger des Christentums ermorden; darum hat man auch die Bekehrungsversuche eingestellt. Der Hinduismus droht jedem mit Kastenerniedrigung, der der väterlichen Religion untreu würde, und das ist der Grund der Bekehrungsschwierigkeiten. Dr. Jacobs[3] hält die Bekehrung für unmöglich. Und wenn auch wirklich der Hinduismus veraltet ist, was ich noch nicht glaube: wird das

---

1) v. Hoevell, Nederland en Bali.
2) Mündliche Mitteilung des Herrn Dr. v. d. Jacht.
3) Eenigen tyd ouder de Baliers, a. a. O.

Christentum konkurrenzfähig sein gegenüber dem Moham-
medanismus? Wird ein sinnliches Volk, wie die Balinesen, die den ganzen Tag Feste feiern, wenn sie überhaupt ihre Religion ändern, ein Paradies voll schwarz-
äugiger Huris nicht mehr anziehen, als ein Himmel, der
weiter nichts bietet, als Glückseligkeit? Sodann hat der
Islam die Fähigkeit, sich dem Begriffsvermögen von
Menschen niedriger und hoher Kulturstufe anzupassen.
Und endlich: der Islam hat im ganzen Archipel gesiegt,
wird er nicht auch auf Bali den Sieg davontragen?! —

Was ich zu geben im stande war, habe ich gegeben,
gestützt auf ziemlich genaue Forschungen und unterstützt
durch alle Kenner Balis. Viele Resultate kann ich allerdings nicht aufweisen, weil, wie eingangs erwähnt, eine
systematische Durchforschung Balis noch aussteht.

Da nun aber von der niederländischen Regierung
eine genauere Erforschung der kleinen Sunda-Inseln überhaupt geplant ist, so will ich kurz angeben, worauf die
Forschung in Bali besonderes Gewicht legen müßte.

Weil anthropologische Daten fast ganz fehlen, so
möchte ich bitten, recht viele Messungen anzustellen, nicht
allein am Schädel, sondern am ganzen Körper, und bei
diesen Messungen darauf zu achten, daß man sie vor-
nimmt sowohl an anscheinend reinblütigen malaiischen
Balinesen, als auch an solchen, die unter Verdacht stehen,

stark mit Hindublut gemischt zu sein, und an denjenigen mit Papuatypus.

Weiter müssen gerade die Gewohnheiten der Gebirgs-bewohner studiert werden, damit später ein Ethnologe in der Lage ist, genau erforschen zu können, was von urmalaiischer Kultur etwa noch vorhanden ist.

Curriculum vitae.

Natus sum Hommo Tonkes Meedensis Idibus Iuliis 1863 patre Edzo Tonkes, matre Frouwina e gente Küper.

Scholae reali Amstelodamensi traditus et maturitatis examine mense Iulio LXXIX h. s. superato in gymnasium Winschotense receptus testimonium maturitatis anni LXXXIII mense Iulio adeptus academicis universitatis almae litterariae Amstelodamensi ascriptus sum, ubi studiis historicis me dedi et candidatus litterarum Neerlandarum factus sum anni LXXXV mense Decembri. Sex per semestria Amstelodami versatus adii studiosus et geographiae et rerum naturalium tria per semestria annorum LXXXVI, LXXXVII, LXXXVIII Halas, unum semestre, anni LXXXVII usque ad annum LXXXVIII hieme, Berolinum.

Tudivi viros clarissimos professores doctores: Verdam, Jorissen, Kan, Kirchhoff, von Frifsch, von Richthofen, von Bezold, Beyrich, Lüdecke.

Omnibus illis viris optime de studiis meis meritis gratias et nunc ago et semper habebo quam maximas.

— — —

Thesen.

---

1. Eine Grenzscheide ehemals asiatischer von ehemals australischer Zubehör ist zwischen Bali und Lombok geologisch nicht nachweisbar.

2. Ein unumstöfslicher Beweis für gröfsere säkulare Niederschlagsschwankungen ist bis jetzt nicht geliefert worden.

3. Raffles und Friederich haben unrecht mit ihrer Behauptung, dafs das Lehnswesen im malaiischen Archipel vorkommt.

KARTE von BALI.

Maßstab 1 : 1.000.000

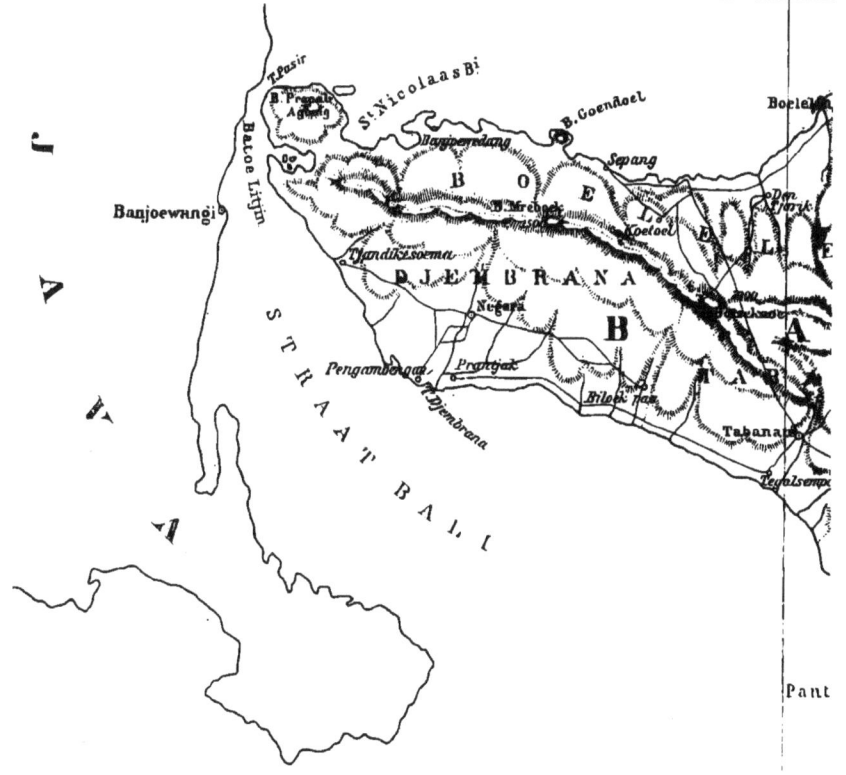

Nach Stemfort & ten Siethoff.